AF366160

Lo que el frente Polisario esconde

El peligro contra la seguridad internacional
El yugo sobre los saharauis

Chema Gil

Periodista (Colegio de Periodistas de Murcia)

© Bubok Publishing S.L., 2011
1ª Edición
ISBN: 978-84-9981-780-4
ISBN ebook: 978-84-9981-781-1
DL: M-23355-2011
Impreso en España / *Printed in Spain*
Impreso por Bubok

Índice

Introducción

Siento tener que decir esto al inicio de este análisis de urgencia respecto al conflicto del Sáhara Occidental: Para decir lo que pienso, he recibido presiones, en algún caso inaceptables. Tampoco he dejado de recibir 'recomendaciones' sutiles por parte de ciertos personajes para, primero, evitar la publicación; y, luego, para retrasarlo *sine die* hasta que se viera el momento político propicio. Este libro no deja de ser más que el análisis de una realidad, la búsqueda de información abierta o reservada y la exposición de unas conclusiones razonables.

Siento tener que ocultar los nombres de saharauis que han confesado el temor que sienten a ser represaliados por los suyos, pero es a ellos a los que dedico en primer lugar esta pequeña obra. Quiero recordar a las víctimas españolas del terrorismo practicado en el pasado por el Frente Polisario contra simples trabajadores de nuestro país.

Para terminar, quiero citar aquí a un místico sufí, murciano de nacimiento, musulmán universal por su obra, Ibn Arabí:

«Dios, el Omnipresente y el Omnipotente, no está encerrado en ningún credo ni religión, porque dondequiera que os volváis, allí está el rostro de Dios.

»Cada cual reza lo que cree; su Dios es la hechura de sí mismo, y al rezar, se ora a sí mismo. Por eso, anatematiza las creencias de los demás; lo cual no haría si fuese justo, porque el desagrado hacia la religión ajena se basa en la ignorancia.

»Ahora, mi corazón se ha convertido en el receptáculo de todas las formas religiosas: es pradera de las gacelas y claustro de monjes cristianos, templo de ídolos y kaaba de peregrinos, Tablas de la Ley y Pliegos del Corán…».

Ibn Arabí

Declaración de principios y algo sobre terrorismo

PARTE I

Los fenómenos terroristas que surgen no son ajenos al contexto histórico y geográfico en el que se producen; parece un argumento tautológico, una perogrullada, pero creo que podré explicarme.

Con este libro que tiene en sus manos, estimado lector, tengo un objetivo relativamente simple:

El reconocimiento de la marroquinidad del Sáhara Occidental, después de treinta y cinco años de que se iniciara el conflicto que generó el Frente Polisario, tras su artificiosa creación por parte del FLN Argelino, es una necesidad imperiosa:

• En primer lugar, para los saharauis, las primeras víctimas del Polisario y Argelia, especialmente de aquellos saharauis que viven confinados y sin libertad en los campamentos de Tinduf; libertad que les es negada —y más en los últimos tiempos— por el propio Frente Polisario y la Inteligencia argelina.

• En segundo lugar, para cerrar un conflicto, lamentable y desgraciado, que ha costado miles de vidas y con el que el Polisario, de forma recurrente, amenaza cada vez que advierte con volver a las armas en un contexto, el actual, que degeneraría en un enfrentamiento bélico multilateral que —irremediablemente— sería asumido como propio por el terrorismo yihadista.

• Y por último, porque no es razonable que cuando existe una propuesta de solución, que da la posibilidad a los saharauis de vivir en paz y en su tierra, *no es razonable* —decía— que el Frente Polisario, una entidad antidemocrática, pretenda poner en jaque la estabilidad del Magreb y la seguridad internacional.

Hora es ya de abordar la solución a este largo conflicto y que, de una vez por todas, los saharauis puedan quitarse de encima el yugo de Argelia y de su Frente Polisario, y ganar mayores cotas de estabilidad en una zona cuyo equilibrio puede quedar destruido por los motivos que más adelante observaremos.

Creo que lo dicho hasta ahora es una declaración de principios lo bastante clara como para que usted, estimado lector, decida cerrar el libro, si de entrada se declara incapaz de responderse a ciertas cuestiones; pero si —aun no estando conforme con lo que acabo de señalar— usted quiere, le invito a conocer nuevas claves de interpretación respecto del referido conflicto, a conocer nuevos actores, a descubrir los intereses espurios que se ocultan detrás de la falacia que ha llevado a miles de personas a una guerra inútil y falsaria y, finalmente, a la miseria.

Justo sería el primer reproche que puede usted plantear: ¿tiene algo que ver el terrorismo con lo del Sáhara?; pues de entrada le diré que sí, pero me permitirá que le pida que avance en la lectura de estas páginas y, si al final de su lectura quiere, le invito a que me envíe un correo electrónico y me exponga sus puntos de vista, ya sean favorables al contenido de estas páginas o contrarias.

1. ¿Tenemos memoria para el terrorismo?

Aunque el ciudadano de la calle, preocupado por la actualidad durante la media hora que dura un informativo en la televisión, pueda creer que cuando se habla de terrorismo todo el mundo habla de lo mismo; lo cierto es que no, ni todos los fenómenos terroristas son iguales ni el propio concepto de terrorismo tiene un significado universal.

No es objeto de este libro el terrorismo en sí mismo, pero lo cierto es que este fenómeno —a modo de trazador químico— va a atravesar el contenido de esta pequeña obra; de ahí que obviaré ahora un discurso sobre los distintos significados dados al referido término a lo largo de la historia y no hablaré de las distintas definiciones partiendo del análisis etimológico u otras formulaciones nacidas de las distintas disciplinas académicas, como el Derecho, la Criminología o las Ciencias Políticas. Pero merece la pena que partamos de un concepto común, en el que usted y yo podamos coincidir:

TERRORISMO: *El uso real o la amenaza de recurrir a la violencia —con fines políticos, religiosos o sociales— que se dirige contra una comunidad concreta y que puede tener un alcance que trasciende unos determinados límites nacionales.*

Lo cierto es que los fenómenos terroristas nos han acompañado durante siglos, pero es más, en un país como España, desde hace cuarenta años existe el fenómeno terrorista llamado ETA, y otros, como el del GRAPO, Terra Lliure, etc. Lo cierto es que, además, entre finales de los años 60 y los años 80, sufrimos los ataques terroristas del Frente Polisario, y desde los primeros años ochenta, acciones criminales del terrorismo de etiología yihadista o, como habitualmente se cita, terrorismo islamista. Y nuestra sociedad, también nuestros gobernantes, de uno y otro signo, han vivido bastante alejados de ese fenómeno, el terrorismo islamista, hasta que se produjeron los ataques del 11 de marzo de 2004, bajo el gobierno de José María Aznar, del Partido Popular.

El lector se preguntará —con todo derecho—: ¿en España había actuado antes de marzo del año 2004 el terrorismo yihadista? Pues sí, en numerosas ocasiones. ¿Ve, querido lector? Seguro que vamos a ir descubriendo muchas claves para interpretar determinados hechos históricos, conocer a sus actores y tener un más amplio campo de visión.

El expresidente del gobierno de España, José María Aznar, llegó a reconocer en un libro que, tanta atención estaban prestando al terrorismo de ETA, que "bajaron la guardia" respecto del 'nuevo' fenómeno del terrorismo de etiología yihadista.

Cuando los gobernantes pierden cierta perspectiva respecto de la realidad en la que viven en relación con su país y con el mundo, corren el peligro de 'bajar la guardia' y eso fue lo que pasó en marzo de 2004; lo que duele más es que Aznar reconozca que bajaron la guardia pese a las previsibles amenazas que se cernían sobre España despúes de la desgraciada y famosa foto de las Azores y la consiguiente guerra de Irak.

En cualquier caso, aparte de las mentiras de aquellos terribles días, y las que los adláteres periodísticos han intentado asentar sobre una parte de la población, la afirmación de que el fenómeno del terrorismo yihadista era una 'novedad' no es más que otra mentira, o la puesta de manifiesto del absoluto desconocimiento que sobre esta materia tenían aquellos dirigentes.

¿Cuántas veces se habían producido en España acciones terroristas yihadistas antes del fatídico 11 de marzo de 2004? Pues, desgraciadamente, en muchas más ocasiones de lo que a primera vista puede parecer:

El 16 de septiembre de 1982, Abu Nidal Ibrahim Hasan Murad Al-sami disparó sin piedad en Madrid contra el secretario de la embajada de Kuwait en Madrid, Najeeb Sabed Hazme. El terrorista fue detenido y condenado a más de treinta años de prisión. Ese mismo año, en el mes de septiembre, unas manos desconocidas colocaron un artefacto explosivo que destruyó parte del Centro cultural iraquí de Madrid, sin que se produjeran víctimas. Un año después, en junio de 1983, fue asesinado en Barcelona, de un tiro en la cabeza, un joven jordano, Ibrahim Alkaalif, y herido otro llamado Ahmed Dannun.

El 24 de julio de 1984, la Policía española, durante la noche, actuó contra un comando iraní de la organización Mártires de la Revolución Islámica que estaba dispuesto para cometer un atentado contra un avión de Arabia Saudí y contra un disidente de su país. Como consecuencia de las investigaciones realizadas, fue expulsado de España un diplomático al que se le imputó el suministro de armas al grupo terrorista que se disponía a atentar en nuestro país.

A los pocos días de esta actuación policial, en la primera semana de agosto, la Yihad Islámica cometió un atentado en Marbella contra el propietario de un periódico de Kuwait de tendencia pro-iraquí, Salid Almarzok. El editor de la publicación *Alanbaa* no fue herido, pero quien actuaba como chofer o guardaespaldas, Yusuf Harsan, perdió la vida como consecuencia de los balazos recibidos.

Ese mismo mes, se produjo otro atentado en Madrid, en el que resultó herido gravemente el responsable de los comandos especiales del ala militar de la Organización para la Liberación de Palestina (OLP). Aunque la organización de Yasir Arafat acusó de la acción a los servicios secretos de Israel, el atentado fue reivindicado desde Kuwait por un grupo denominado Vanguardia Islámica Revolucionaria.

El 12 de septiembre del mismo año, el diplomático libio Mohamed Idris Ahmed resultó herido al ser tiroteado en Madrid. Los terroristas, según las investigaciones policiales, fueron dos libaneses de la milicia chií Amal. En este caso, aunque no se dispone de información detallada del asunto, fueron detenidos por las fuerzas de seguridad y fueron juzgados y condenados a cumplir una condena de veintitrés años de prisión. Lo cierto es que dos años después, según las fuentes consultadas, fueron puestos en libertad después del secuestro, en Beirut, de tres funcionarios de la legación diplomática española, uno de ellos, miembro de la Policía.

Dos días después, se produjo un asesinato en Marbella que se vinculó a la organización Yihad Islámica en el que resultó muerto el ingeniero de Arabia Saudí, Nasser Abdul Aziz, y herido su compatriota, Khalil Ibrahim.

En noviembre, otra vez en Madrid, se registró un atentado en el que fue herido el ciudadano libanés Elías Yusef Assad. La acción terrorista se produjo en pleno Paseo de la Castellana y fue cometida por un palestino.

Pero sin duda, hasta los atentados del 11-M, la acción más grave se produjo en el año 1985, cuando se registró la explosión de un potente explosivo en el restaurante El Descanso, situado entre Barajas y Torrejón de Ardoz. Se trataba de un establecimiento frecuentado por militares norteamericanos de la cercana base de Torrejón. En esta terrible acción, perdieron la vida dieciocho personas y más de ochenta resultaron heridas. Este atentado fue el más importante de todos los registrados en España, después del que perpetró ETA en el Hipercor de Barcelona y hasta los atentados en los trenes de la capital de España, y fue reivindicado por el grupo Yihad Islámica.

También en 1985, el 1 de julio, terroristas vinculados a grupos islamistas, cometieron sendas acciones en Madrid contra las sedes de las compañías aéreas British Airways y Alia. Murió una mujer, Esther Grijalbo, y resultaron heridas de diversa consideración otras veinticinco personas. Los atentados fueron reivindicados por varias organizaciones, entre otras, la temida Septiembre Negro' Nueve días más tarde, las fuerzas de seguridad detuvieron en Madrid a Chassan Ibrahim el Haj y a Hihad Ibrahim Salami, quienes fueron acusados de preparar un atentado con explosivos contra la embajada de Siria, para lo que pretendían emplear un coche bomba con un objetivo añadido, acabar con la vida del embajador Riad Siage. Los detenidos estaban vinculados, según las informaciones policiales, al grupo Fuerza 17 de Al Fatah.

En el mes de octubre, el día 17, murieron asesinados en un piso de Barcelona dos marineros israelíes, acción que se imputó al grupo Fuerza 17 de la OLP.

En junio de 1986, se produjo otro atentado en Madrid; en esta ocasión, en las dependencias de la compañía israelí El Al, en el aeropuerto de Barajas, en el que resultaron heridas gravemente tres personas y otras once, con lesiones de carácter leve.

Un año después, en julio de 1987, presuntamente, el grupo 'contrarrevolucionarios islámicos' colocó una bomba de escasa potencia en el coche de uno de los secretarios de la embajada de Irán en Madrid, Mohammad Raissir. La imputación contra el mencionado grupo fue manifestada por Irán.

El día tres de abril de 1988, las fuerzas de seguridad desactivaron sendos artefactos en las inmediaciones de la embajada de Estados Unidos e Italia, en Madrid y, al día siguiente, explotó uno a pocos metros de la legación norteamericana. Aunque no se conoció ninguna reivindicación, la Policía imputó las acciones a grupos radicales árabes.

El 24 de agosto de 1990, estalló una bomba de poca potencia en el acceso al consulado español de Estambul, sin que se produjeran víctimas, que causó unos escasos daños materiales. Nunca se identificó a los autores, aunque la acción se relacionó como una consecuencia de la participación de España en la crisis del Golfo.

Esto es lo ocurrido hasta el año 1990, pero todo lo ocurrido tras el 11 de septiembre de 2001 en Estados Unidos tendría que haber servido para que España hubiera invertido un esfuerzo mucho mayor en la prevención de acciones de terrorismo yihadista, especialmente cuando se van conociendo datos que relacionan a integristas en España con la organización Al Qaeda (La Base) y que algunos aparecen relacionados con nuestro país desde mitad de los años 90, especialmente en aquellas zonas donde existen comunidades importantes de personas de origen magrebí.

1.1. España amenazada

Después de los atentados contra las Torres Gemelas del World Trade Center de New York, el Pentágono activó el artículo 5 de defensa mutua de la OTAN por primera vez en la historia, dando paso a la misión internacional bajo el mandato de la OTAN y de la ONU en Afganistán.

Tras la primera acción de Estados Unidos en tierras afganas el 7 de octubre de 2001, el mundo conocía una nueva amenaza por parte del líder del terrorismo islámico, el saudí Osama Bin Laden, quien utilizó la cadena de televisión Al Jazzira y reivindicaba la autoría de los atentados contra las torres gemelas del World Trade Center de Nueva York. El saudí estaba acompañado de (retengamos en la memoria este nombre) Aiman al-Zawahiri —vinculado a la Yihad Islámica— y de Soleimán Abu Gahiz —portavoz del conglomerado terrorista Al Qaeda—, además de otras personas.

El comunicado venía a lanzar una llamada global dirigida a «los infieles y a los musulmanes hipócritas» y, en él,

Abu Gehiz se refería a España cuando proclamaba que «la declaración de guerra de Estados Unidos de Norteamérica contra Afganistán es un claro acto de hostilidad contra el Islam. El mundo tiene que saber que no vamos a permitir que se vuelva a repetir con Palestina la tragedia de Al Andalus».

Tal como se informó en su día, el comunicado de Osama Bin Laden fue el siguiente:

«Los Estados Unidos de Norteamérica han sido atacados por Alá Todopoderoso en uno de sus órganos vitales, y sus edificios más grandes han sido destruidos. ¡Por la gracia y gratitud de Alá! El horror se ha vertido sobre los Estados Unidos desde el norte hasta el sur, desde el este hasta el oeste, y gracias a Alá están ahora padeciendo los Estados Unidos solo una muestra de lo que nosotros hemos padecido. Nuestra nación islámica ha estado sufriendo lo mismo durante más de ochenta años, de humillación y desgracia: sus hijos han sido asesinados, su sangre ha sido derramada, y sus lugares santos han sido profanados.

»Alá —continuaba el comunicado— ha bendecido a un grupo de la vanguardia de los musulmanes, de la primera línea del Islam, para destruir a los Estados Unidos de Norteamérica. Que Alá les bendiga y les conceda un lugar supremo en el Paraíso. ¡Él es el único que puede y tiene capacidad para hacerlo! Se han levantado en defensa de sus débiles niños, de sus hermanos y de sus hermanas de Palestina y de otras naciones musulmanas, y el mundo ha quedado conmocionado, tanto los infieles como los hipócritas que les secundan.

»Un millón de niños inocentes han muerto ahora mismo, asesinados en Irak sin culpa alguna. Pero no hemos oído denuncia alguna, no hemos oído ningún decreto de los gobernantes hereditarios. En estos días, los tanques israelíes atraviesan Palestina, y Ramala, Rafáh y Beit Jala, y muchos otros lugares de la tierra del Islam, y no oímos a nadie levantar su voz o reaccionar. Pero cuando la espada ha asestado su golpe sobre los Estados Unidos de Norteamérica, después de ochenta años, la hipocresía sí que ha levantado su cabeza, para gemir junto con esos asesinos que han jugado con la sangre, el honor y los lugares santos de los musulmanes.

»Lo menos que se puede decir de esos hipócritas es que son apóstatas que siguen el camino equivocado. Apoyan al carnicero y no a la víctima, apoyan al opresor y no al niño inocente. Busco consejo en Alá contra ellos, ¡y le pido que nos deje ver lo que se merecen!

»Aseguro que el asunto está muy claro tras estos acontecimientos: cada musulmán debe luchar por su religión, perseguir a los funcionarios de los Estados Unidos de Norteamérica, empezando por Bush, el jefe internacional de los infieles, y todos los suyos, los que muestran su vanidad con hombres y caballos, y también contra quienes se volvieron contra nosotros, incluso en países que creían en el Islam, esos grupos que se sirven del nombre de Alá, el Todopoderoso, pero que se niegan a someterse a su religión.

»Le han estado diciendo falsedades al mundo, y han anunciado que están luchando contra el terrorismo. Y en una nación del confín de la tierra, en Japón, asesinaron a cientos de miles, jóvenes y viejos, pero ellos no dicen que eso fue un crimen mundial. No quieren ver lo evidente. Han muerto un millón de niños asesinados en Irak, pero ellos tampoco quieren ver lo evidente. Más cuando murieron poco más de diez en Nairobi y en Dar es Salam, entonces bombardearon Afganistán e Irak, y la hipocresía permaneció tras el adalid internacional de los infieles, el símbolo del paganismo en el mundo moderno, los Estados Unidos de Norteamérica y sus aliados.

»Les digo a todos esos que estos acontecimientos han dividido el mundo en dos frentes, el frente de los creyentes y el frente de los infieles. Que Alá nos proteja a nosotros y a vosotros de ellos. Cada musulmán debe levantarse para defender su religión. El viento de la fe está soplando y el viento del cambio está soplando para expulsar al demonio de la Península de Mahoma, ¡que la paz sea con él! Y a los Estados Unidos de Norteamérica y a sus gentes les digo solo unas pocas palabras: Juro por Alá que los Estados Unidos de Norteamérica no vivirán en paz hasta que no reine la paz en Palestina, y hasta que todos los ejércitos de los infieles no abandonen la tierra de Mahoma. ¡Que la paz sea con Él! ¡Alá es el más grande! ¡Gloria para el Islam!».

Los servicios españoles han mantenido líneas de investigación en torno a las actividades de extremistas islámicos, pero buena parte de las acciones ejecutadas contra ellos, especialmente desde el ataque en suelo americano, se produjeron por impulso exterior, como se pone de manifiesto en las detenciones que se produjeron semanas después cuando, a petición de Bélgica, fueron detenidos en el sureste español seis miembros de la escisión salafista de lo que fue el GIA argelino, organización sobre la que se focaliza buena parte de la preocupación de Francia. Uno de los detenidos, Mohamed Boualem, recibió formación en Afganistán, pero la Justicia española no consideró que tuviera vinculación directa con Osama Bin Laden. En relación con estos salafistas, había sido detenido en Bélgica, a los pocos días del atentado contra las Torres Gemelas, el ciudadano tunecino Nizan Trabelsi quien, según los servicios secretos y las fuerzas de seguridad de Bélgica, constituía parte de una organización preparada para cometer atentados terroristas en suelo de la Unión Europea.

Fue en esos días cuando se conoció, por parte de medios de comunicación, una larga lista de organizaciones relacionadas con el terrorismo islámico que podían tener o haber tenido relación con España. Además de la organización salafista argelina, se conocieron actividades de la organización En Nahda, de Túnez, vinculada a Sudán, Yemen y Líbano. Evidentemente, aparecieron fundamentalistas marroquíes, relacionados con el Grupo de Lucha Islámico GICM que habían desarrollado diferentes actuaciones en ciudades de su país, como Fez, Casablanca, Kenitra o Uxda.

Los servicios españoles, igualmente, conocían actividades de grupos de Egipto (Gamá al Islamiya, autora de varios atentados en su propio territorio, así como de la colocación de explosivos contra el World Trade Center de Nueva York en el primer atentado que se registró contra este símbolo del poder económico de los Estados Unidos en el año 93); de Palestina (Hamas y Yihad Islámica —JIP—); de Líbano (Hezbolah); Turquía (Hezbolah y el grupo islamista IBDA); de Yemen (Yihad islámica dirigida por Tarek al Fadli, vinculado con Bin Laden); de Uzbekistán, de Pakistán y, como es lógico de Afganistán, base de la llamada guerra santa global lanzada por Al Qaeda.

En junio de 2001, fue detenido en España, precisamente, quien era considerado el brazo ejecutivo de Bin Laden en Europa. La detención se practicó concretamente en

Alicante, donde fue localizado Mohamed Bensakhria, a donde llegó procedente de Alemania, otro de los países utilizados por la red Al Qaeda en virtud del camuflaje perfecto que supone la presencia de comunidades islámicas en ese país, algo similar a lo que ha venido ocurriendo en España. La información de las fuerzas de seguridad españolas contiene referencias también a otros grupos, especialmente peligrosos, como el denominado Ejército Suicida 66, sección Bin Laden, grupo del que se teme la preparación de atentados en Europa en los que podrían emplear armas químicas.

Toda esta amalgama de datos, aparentemente inconexos o con un simple común denominador, vienen a poner de manifiesto que España, hasta ahora, ha sido utilizada principalmente como una base de operaciones, en la que solo se han cometido acciones determinadas. Los dirigentes de estos grupos integristas han preferido actuar de forma callada, con el fin de poder pasar lo más inadvertidos posibles, y su estrategia les ha funcionado, ya que tanto los servicios policiales como los propios servicios secretos han optado, salvo excepciones, por desarrollar una táctica de vigilancia que les permitiera ir haciendo acopio de información.

Pero se ha producido una falla en esa forma de actuar por parte de nuestro sistema. Esa actitud de vigilancia y recopilación de datos o informaciones no sirvió para prever que de manera definitiva el terrorismo islamista fuera a ejecutar una gran acción en suelo español. Algo así ocurrió, de forma más trágica por las consecuencias y el número de víctimas, en Estados Unidos, donde determinadas informaciones que apuntaban a la posibilidad de que elementos yihadistas pudieran utilizar aviones para cometer atentados en su país no fueron ponderadas de manera adecuada, tal como se ha puesto de manifiesto en medios de comunicación norteamericanos y en la propia Comisión de investigación creada al efecto, que tantos apuros hizo pasar a la administración Bush.

Como hemos visto, en relación con los atentados del 11-S, los diferentes servicios secretos y fuerzas de seguridad hallaron rápidamente indicios que apuntaban a la participación de musulmanes de origen magrebí y se llegaron a producir detenciones en diferentes países europeos, de forma destacada en Alemania y España.

Desde que en el año 1996 se lanzara por parte de Al Qaeda una Yihad global contra los infieles, se ha verificado un proceso de islamización fundamental en los países del Magreb. Marruecos es la última frontera para conquistar por los integristas, algo que se ha logrado evitar parcialmente gracias a una monarquía que ha actuado, a lo largo de la reciente historia, con dureza; lo que ha favorecido que Marruecos se haya conformado como un país que genera confianza a inversores de todo el mundo, ya que ha apostado por favorecer un desarrollo social, cultural, económico, sin abandonar la esencia de un Islam cohesionador que nace de la fusión malekita-suní; una forma de Islam que quiere ser atacado por países como Irán, hoy un socio preferente de la Venezuela de Hugo Chávez, quien financia al Frente Polisario.

Así pues, se evidencian fallos muy similares en los servicios de inteligencia y policiales de Estados Unidos y de España antes de los atentados registrados el 11-S y el 11-M, respectivamente, tal como indicaba el diario *The Guardian* días después de la tragedia en España.

Como veremos a partir de ahora, existían diferentes análisis en nuestro país, desde meses antes, que advertían de la posibilidad de que el terrorismo islamista podía estar preparando una salvajada como la que se produjo en marzo de 2004 en Madrid. ¿Qué pasó entonces? Puede haber varias posibilidades. La más evidente es que esos análisis no se tuvieron en cuenta o no se vincularon a las investigaciones que pudieran estar en curso, había una clamorosa y fatal falta de interacción entre los servicios secretos marroquíes y españoles; lo que resulta más chocante cuando pocos meses antes se produjeron los atentados contra la Casa de España en Casablanca y contra intereses judíos en este país, atentados en los que participaron terroristas suicidas.

La relación entre los servicios de información, de la Policía y de la Guardia Civil y de estos con el CNI, es a veces muy delicada. Hablas con unos y ponen en la picota a los otros. No siempre hay generosidad entre estos servicios.

Pondré un ejemplo concreto. En el año 1996, cuando como hemos visto ya se sitúan en España a algunos de los implicados en los atentados de Estados Unidos y Madrid, me encontraba trabajando para el diario murciano *La Opinión* y puse negro sobre blanco una serie de informaciones, facilitadas por inmigrantes marroquíes y argelinos, que manifestaban que la región de Murcia estaba siendo utilizada como base para integristas islámicos para descansar, como huida o para preparar operaciones en la propia Argelia o en Marruecos. Eran unas de las primeras informaciones en las que se hablaba de integristas islámicos en esta región del sureste español, donde hoy siguen existiendo radicales islamistas.

Unos contactos me llevaron a otros y descubrimos cómo las fuerzas de seguridad marroquíes habían detenido en su país a un personaje, que había estado viviendo en Murcia, vinculado a la organización seudosindical cuando introducía armas, visores nocturnos y documentación falsificada con la intención, según las informaciones procedentes de ese país, de ejecutar acciones desestabilizadoras en Marruecos.

Aquellas informaciones fueron enseguida descalificadas por el Cuerpo Nacional de Policía de Murcia, pero, al contrario que la Policía, la Guardia Civil sí tomó en cuenta las informaciones publicadas, sin prejuzgarlas, y tuve la oportunidad de acudir en varias ocasiones, siempre por la noche, con miembros del Instituto Armado a contactar con diferentes fuentes de información tanto argelinas como marroquíes, especialmente en la zona del Campo de Cartagena.

En esas mismas fechas, tuve un contacto con un militar que estaba trabajando en el entonces CESID. La reunión se produjo a instancia suya. Durante la conversación, siempre en tono cordial, me indicó que no se trataba de un contacto oficial. El objetivo era que, en buena lid, tratara de describir, aunque sin identificar las fuentes. Se trataba —según sus palabras— de una inquietud más personal que profesional y, por supuesto, no de una pregunta que hiciera el Centro Superior de Información de la Defensa de forma institucional. Pretendía que jamás mencionara en una información que ese contacto se había producido. No despreció las informaciones, le puse de manifiesto que desde mi punto de vista eran creíbles y por ello no entendía la reacción del Cuerpo Nacional de Policía, aunque él describió esa actitud como muy propia de la gente que trabajaba en la comisaría de Murcia donde, me consta, en cambio, sí abrieron una información sobre el tema, no reconocida nunca oficialmente, pero de la que sí tuve constancia fehaciente.

Una conversación sincera y en confianza con los profesionales de la Guardia Civil y de la Policía en una zona como la región de Murcia, en la que pueden vivir unos cincuenta o sesenta mil magrebíes, quienes conforman una comunidad muy cerrada, en la que es difícil ganarse confianzas, requeriría del trabajo de especialistas en la materia dedicados solo a investigar, obtener datos y hacer labores de inteligencia con ellos. Esos medios humanos no existen. Los mismos guardias civiles dedicados a estas tareas son los que trabajan las cuestiones relacionadas con ETA o se encargan de la contravigilancia cuando se produce la llegada de alguna autoridad estatal a la región. Solo se desplazan expertos en cada tema cuando los escasos efectivos de los servicios de información detectan algo concreto que requiere de un análisis más en profundidad. Estos pequeños grupos de información destinados en las comandancias de cada provincia hacen un buen trabajo, en la medida de sus posibilidades; pero no se les puede pedir más, no sería justo. Los efectivos de la Guardia Civil y de la Policía se vieron mermados durante los ocho años de gobierno de Aznar hasta niveles inaceptables.

1.2. Los atentados de Casablanca en mayo de 2003

Los atentados en Casablanca el 16 de mayo del año 2003 fueron el punto de inflexión en la dinámica del integrismo islámico en Marruecos. Aunque antes se habían producido acciones violentas por parte de este tipo de grupos fundamentalistas, nunca antes su violencia se había manifestado de forma tan espectacular.

Continuemos este análisis desde lo que ocurrió en la referida ciudad marroquí, partiendo de la crónica periodística de aquella noche, contada en primera persona por el redactor Mohammed Ahed del periódico *Le Matin*, que presenció la masacre desde los primeros minutos tras las primeras explosiones.

La traducción ha sido tomada de la página webislam (www.webislam.com/numeros/2003/211/noticias):

"Granadas de mano y sables en el atentado de la Casa de España en Casablanca. La noche de todas las desgracias"

«El viernes pasado, a las 17.40 (hora local) nuestro reportero gráfico y yo mismo estábamos en el hotel Farah de Casablanca para entrevistar a su director general, Mohamed Achetouane, que hacía parte de una delegación marroquí que viajó a Dubai con motivo de una Feria Internacional del Turismo. Pasadas las 20 horas se oyó un ruido ensordecedor, seguido de otro. Estando a mitad de camino entre la Casa de España y el hotel Farah (antiguo hotel Safir), nos dirigimos hacia el club español. Una llamada de teléfono nos hizo creer que se trataba de una explosión de gas. Una vez en el lugar de los hechos, en compañía del Director de la Cámara de Comercio e Industria Española, la situación se nos mostró en todo su horror. Tendidos en la calle Faidi Jalifa (antigua calle Lafayette) se encontraban los cuerpos diseminados por todos sitios. El limitado número de ambulancias no podía atender a las víctimas que todavía quedaban con vida tras el atentado de esa tarde. Hay que saber que, en la Casa de España, todos los viernes, los clientes fijos así como los que están de paso, tienen la costumbre de jugar al Bingo. Esa tarde, nadie tendría la ocasión de completar un cartón.

»Los terroristas lanzaron dos granadas antes de atacar con sables.

»Unos kamikazes comenzaron degollando al portero, Hach Ahmed, cuya hija trabaja en la secretaría del mismo club. Fue degollado por uno de los terroristas antes de irrumpir en el local de la Casa. En verano, Rafael, el presidente del club prefiere acomodar el patio para convertirlo en un espacio agradable. Las mesas, bien alineadas ante la barbacoa, hacen las veladas más íntimas. Sin embargo, ese viernes no se parecerá a ningún otro.

»Los kamikazes entraron en la gran sala donde se encontraban cerca de 110 personas.

»Según un testigo ocular, que escapó del atentado, los dos terroristas comenzaron lanzando una primera granada, después una segunda, que sembraron el pánico entre los clientes. A continuación cogieron unos sables y comenzaron a masacrar todo lo que se movía, para terminar por explotarse. Diecinueve cadáveres, la mayor parte de los cuales calcinados, constituyeron el sangriento balance de esa velada que no había hecho más que empezar. Entre las víctimas figuran españoles y búlgaros. Una decena de miembros descuartizados han sido recuperados en los locales de la Cámara Española de Comercio e Industria que se encuentra a alrededor de 50 metros del lugar del atentado. Sería difícil contar los detalles. Por todos los sitios había carne pegada, incluso en los despachos donde los cristales han saltado en pedazos. En los primeros momentos del drama las fuerzas de orden andaban de cabeza. Cosa completamente normal, en la medida que el país no ha conocido atentados tan mortíferos como este. Los heridos eran alineados sobre la calzada y gritaban pidiendo ayuda. Los transeúntes se pusieron a rescatar hombres y mujeres junto con los bomberos y los agentes de la policía. Con la ayuda de los teléfonos móviles nos enteramos de que no era ese el único atentado.

»A un kilómetro de allí, el hotel Farah, en la Avenida de las Fuerzas Armadas Reales, sufre la misma suerte, con una pequeña diferencia: los kamikazes no han podido entrar en el interior. La explosión tuvo lugar a la entrada del prestigioso establecimiento, cuyos propietarios son kuwaitíes. Dos guardias y un terrorista perecieron en la explosión. Mohamed Achetouane, el director general del Farah y presidente de la Asociación de Hosteleros Marroquíes, que habíamos entrevistado hacia la 18h, apartó con el pie un pequeño bolso que permanecía a la entrada, en el hall, bajo los escombros. No sabía que se trataba de una bomba. Un poco más lejos, al lado del antiguo consulado de Bélgica, tiene lugar otro atentado en un restaurante frecuentado por extranjeros. Se trata del Lozitano. El acceso allí era imposible. La policía, esta vez, bloqueó todos los accesos. Pero la angustia era casi la misma. El espanto se veía en todos los ojos. Nadie comprendía todavía lo que había pasado y lo que podía pasar: se trata de una serie de atentados. Nos dirigimos a continuación al servicio de urgencias del hospital Ibnu Ruchd.

»¡Cuántas lágrimas y lloros! Pero ninguna información. Los servicios de seguridad no querían extraños y sobre todo periodistas. Llega el prefecto de policía y su plantilla. Se le abre el paso, se le abren las puertas. Acabada la visita, se marcha. Sin una palabra, sin comunicar la mínima información a los periodistas presentes. Vuelta al centro de la ciudad donde nos hemos enterado que ha habido otro atentado en la medina, en el cementerio judío Al Miâara. El antiguo hotel Safir estaba todavía rodeado por las diferentes fuerzas del orden. Sabremos más tarde que el drama todavía no había terminado. El bolso dejado en el hall del hotel contenía una bomba. Hubo que esperar toda la noche, hasta las cinco de la mañana, para que una unidad especial de la Gendarmería Real llegase al lugar y dos horas más para desactivarla. Eran las 5.45. La búsqueda de otros explosivos se continuó hasta las 8 h. Por la mañana, todo volvió a la calma y la vida retomó su curso normal».

1.3. Y después de Casablanca, ¿qué?

Las fuerzas de seguridad marroquíes, de la Gendarmería Real, contaron muy pronto con la ayuda de agentes del FBI norteamericano para desarrollar las investigaciones sobre las cinco explosiones registradas en Casablanca. Los resultados más inmediatos fueron esclarecedores, al menos dos de los terroristas, según dijo en su día el ministro del Interior, Mustafa Sahel, no murieron en los atentados. Los autores de la masacre estaban vinculados al terrorismo internacional que, en los días previos, había desplegado una serie de operaciones suicidas en Arabia Saudí con varias decenas de muertos. El citado responsable del gobierno marroquí informó que en los atentados de Casablanca habían perecido doce terroristas, que se inmolaron con los explosivos; otro de los terroristas fue detenido la misma noche de los ataques; y el último, dos días después.

Lo cierto es que estos atentados en Marruecos debieron servir de base para reorientar el trabajo de los servicios secretos españoles en ese país y, evidentemente, tenían que haber servido inevitablemente para mejorar de forma real las relaciones y la cooperación entre los dos gobiernos.

Nunca, desde los acontecimientos de la Marcha Verde del año 1975, se habían deteriorado tanto las relaciones entre los dos países como con el último gobierno de José María Aznar. En la última etapa, incluso ya en el periodo electoral previo al 14-M, destacados miembros del ejecutivo español actuaron con una imprudencia inaceptable, como en el caso del titular de la cartera de Defensa, Federico Trillo, cuando en un mitin en Santa Pola, dijo que «ojalá hubiéramos tomado antes la Isla Perejil para que los españoles hubieran podido pescar en Marruecos», frase maldita en la que el propio Trillo venía a reconocer que el pequeño islote estaba en aguas del país vecino.

Mientras que en España se producían actuaciones contra los grupos terroristas de ideología islamista vinculados a Al

Qaeda y a los atentados del 11-S, cuando se conocía la vinculación de magrebíes en nuestro país con tales hechos, y la sociedad española contemplaba estas noticias como hechos esporádicos, las relaciones con el país donde más información se podía obtener se iban a pique, sin remedio, en un ejercicio de la peor diplomacia conocida por España en los últimos treinta años.

Veamos parte de un análisis de Javier Jordán (profesor de Ciencia Política de la Universidad de Granada y miembro del Centro de Análisis de Seguridad en la misma universidad), publicado por el Real Instituto El Cano, unos meses antes de los atentados de marzo de 2004. Lean con atención porque no tiene desperdicio:

«Nuestro país lleva sufriendo desde hace décadas la actividad asesina de ETA. Pero en los últimos años, el ocaso operativo de esa banda terrorista está coincidiendo con noticias esporádicas sobre detenciones de células de Al Qaeda o de otros grupos de terrorismo islamista. Para muchos solo se trata de episodios anecdóticos que han adquirido un relieve particular después del 11 de septiembre. Por el momento no han despertado demasiada atención en la opinión pública, aunque eso podría cambiar si nuestro país se convierte en escenario de atentados de dichos grupos. ¿Qué actividades realizaban hasta ahora? ¿Qué puede llevarles a practicar el terrorismo en territorio español?».

En otros puntos del informe, el profesor Jordán dice lo siguiente, recordemos que es un informe del año 2003, cuando el gobierno de Aznar, Trillo, Acebes, Rajoy, y otros, trataban con displicencia indecorosa a Marruecos; esto es lo que seguía diciendo Javier Jordán:

«(1) Asumir que los terroristas pueden llegar a atentar en nuestro país y que sus consecuencias pueden ser enormemente graves. España no es un santuario para los terroristas y ellos lo saben. Si hasta ahora no se ha producido ningún atentado en nuestro territorio ha sido porque en su lista de objetivos no se encontraba ninguno español, pero eso puede ser distinto en futuras ocasiones. La lucha contra este tipo de terrorismo ocupa un lugar secundario comparado con el esfuerzo para hacer frente a ETA. A mediados de la década de los noventa, la obtención de inteligencia sobre el terrorismo islamista en nuestro país se entendía como una moneda de cambio interesante para incentivar la cooperación antiterrorista francesa. Después del 11 de septiembre la motivación más poderosa ha sido la propia seguridad y, sobre todo, demostrar a EE. UU. la firmeza de nuestra alianza. Los éxitos cosechados hasta ahora son indudables, pero no se puede bajar la guardia; y, por ello, los departamentos implicados en la lucha contra ese terrorismo deberán recibir una atención creciente en recursos humanos y materiales. También deberá mantenerse la cooperación internacional, imprescindible en un terrorismo de estas características.

»(2) Implicar a las comunidades islámicas asentadas en España en la prevención y lucha del terrorismo islamista. El islam es ya la segunda religión en importancia en nuestro país. La comunidad islámica no es tan numerosa como en otros Estados europeos, pero ha experimentado un notable crecimiento en los últimos años, y la tendencia es que lo haga aún más. La red migratoria sirve de soporte a nuevos flujos, facilitando que vengan nuevos inmigrantes de la misma nacionalidad, y la cercanía geográfica constituye también un atractivo poderoso. La experiencia demuestra que los terroristas se han comportado como parásitos en su relación con las comunidades islámicas occidentales. Han aprovechado su número para pasar desapercibidos; han utilizado sus lugares de encuentro para difundir propaganda sin permiso y captar nuevos seguidores; en el caso de colectivos islamistas radicales, pero no violentos, se han servido de su discurso para justificar la yihad; cuando han infiltrado asociaciones caritativas han desviado fondos de contribuyentes bienintencionados a actividades ilegítimas; etc. Las comunidades islámicas en sí mismas no son un problema de seguridad, pero si de alguna manera son penetradas por los terroristas, estos pueden ver potenciada su eficacia. Por esa razón es crucial que los líderes y miembros de dichas comunidades mantengan una actitud vigilante y de cooperación fluida en la lucha contra el terrorismo islamista. Los musulmanes son los primeros interesados en que una minoría no justifique en nombre de su religión el asesinato de inocentes. Y las comunidades de España y Europa tienen un interés especial en ello, ya que de lo contrario pueden acabar siendo percibidas con desconfianza injustamente. Las agresiones contra musulmanes en EE. UU. poco después del 11 de septiembre tuvieron escaso eco en este lado del Atlántico pero fueron muy numerosas. Si en España tuviese lugar un atentado que costase la vida de decenas de personas, la percepción hacia los musulmanes, o los provenientes de países árabes, podría verse gravemente intoxicada.

»(3) Favorecer la integración de los inmigrantes procedentes de países de mayoría musulmana. Muchos de los prosélitos que han captado los grupos radicales en Europa eran inmigrantes de segunda o tercera generación, deficientemente integrados en sus respectivas sociedades de acogida. La integración socioeconómica y sociocultural de los inmigrantes que llegan, pero sobre todo de su descendencia, constituye una medida preventiva eficaz para evitar la aparición de radicalismos. Sin integración socioeconómica (contar con un puesto de trabajo y condiciones de vida dignas) es difícil que se consiga la segunda. Pero esta última también requiere un marco adecuado. Nuestro país ha optado por el modelo de integración multicultural que respeta la especificidad de los que vienen, pero que conlleva que estos acepten el marco legal, obligatorio también para los españoles. De entrada, es un sistema que favorece la tolerancia y el reconocimiento mutuo. El reto consiste en implantarlo exitosamente y evitar que injerencias externas (por ejemplo, autoridades religiosas procedentes del exterior con un discurso que promueva la segregación) puedan minarlo. El éxito o fracaso de esa integración, sobre todo de colectivos marginales y minoritarios, puede ser clave para evitar que el terrorismo islamista, actualmente exógeno, se convierta en endógeno.

»Conclusión (a pocos meses de los atentados de Madrid en marzo de 2004): De momento el territorio español no ha sido objetivo directo del terrorismo islamista. Esa tendencia puede cambiar en el futuro, ya que los terroristas saben que España no es un santuario para sus actividades y nuestro país es considerado como enemigo por la visión del mundo de los yihadistas. Las líneas de trabajo para evitar que esta amenaza se materialice son: continuar la lucha contra la implantación de células en nuestro suelo y mantener la cooperación internacional en esta materia; implicar a los musulmanes españoles, o residentes, en la prevención de este terrorismo y favorecer la correcta integración de los musulmanes que llegan del exterior».

Por supuesto que ninguna de estas recomendaciones se trabajó con intensidad y eficacia; casi nada de eso se empezó a hacer hasta después de los atentados del año 2004.

1.4. ¿Y todo esto qué tiene que ver con el conflicto del Sáhara Occidental?

Pues verá, estimado lector, todo lo contado hasta ahora pone de manifiesto que los gobiernos no pueden acomodarse y, por ende, tampoco sus servicios de información e inteligencia interna y externa. La eficacia de estos servicios del Estado se pone de manifiesto cuando son capaces de hacer una prospección respecto de los acontecimientos que se están produciendo en el mundo, especialmente cuando tienen una inmediata relación geográfica e histórica con nuestro país, y los potenciales peligros que de estos puedan generarse no solo contra nuestro país, sino contra países amigos.

Desde esta perspectiva y con el ejemplo de todo lo ocurrido con el terrorismo islamista, está claro que, en relación con el conflicto del Sáhara Occidental, España, como ya lo han hecho Francia o los Estados Unidos, debe apostar claramente por la solución que Marruecos ha puesto encima de la mesa con su propuesta de autonomía. Por las razones expuestas al principio, y porque volver al conflicto armado con el que de vez en cuando amenaza el Frente Polisario es una amenaza para el equilibrio de una zona como el Magreb, es una amenaza para la seguridad de España y de

Europa, pues —como veremos más adelante— el Frente Polisario, algunos de sus elementos militares, han mostrado una 'porosidad' respecto a grupos radicales; entre otros, Al Qaeda en el Magreb Islámico (AQMI) en cuyas acciones —como el secuestro de los cooperantes españoles— las investigaciones han puesto de manifiesto esas peligrosas relaciones.

En el mismo sentido, Argelia, país que sufrió y sufre la lacra del terrorismo, debiera entender que la propuesta de Marruecos de autonomía en el Sáhara Occidental, que concede a los saharauis un alto nivel de autogestión bajo un modelo de organización territorial homologable al de España, constituye una oportunidad para la seguridad y la estabilidad en la zona. Internacionalmente se espera de Argelia altura de miras.

La propuesta marroquí es la única que puede ofrecernos garantías de que la zona no termine por convertirse en una vía de acceso para el terrorismo de Al Qaeda.

Es de interés para España tener una posición clara de apoyo a Marruecos en el conflicto del Sáhara, pues hacer otra cosa es experimentar con dinamita inestable.

Actualmente, el apoyo español al frente Polisario queda en manos de un relativamente reducido pero estridente colectivo social, a veces, por simple nostalgia política.

Por otra parte, no es de recibo apoyar un ente como el Polisario que mantiene un *aparazzi* político que se ha mantenido inalterado durante treinta y cinco años y que ha mostrado su poder actuando contra todo saharaui que se haya atrevido a criticarlos, con detenciones arbitrarias e incluso desapariciones nunca explicadas por las que organizaciones internacionales de derechos humanos están pidiendo investigaciones ante las Naciones Unidas. Actitud dictatorial orientada exclusivamente a proteger su estructura de poder endogámica que, ante el mínimo ataque crítico, actúa sin ningún miramiento, manteniendo al margen de sus decisiones a los miles de saharauis que viven en los campamentos de Tinduf, que lejos de ser campos de refugiados han terminado por conformarse como campos de internamiento, de los que nadie puede salir, si así lo desea, sin correr el riesgo de ser detenido por elementos militares y policiales del Polisario con la ayuda de militares argelinos que están utilizando para ello, incluso, helicópteros dotados para la navegación nocturna, de fabricación rusa, dándole un uso que está excluido de los protocolos comerciales de armamento entre Argelia y Rusia, lo que ha hecho que la diplomacia rusa haya protestado ante la diplomacia de Argel.

2. El Sáhel, el Frente Polisario, Al Qaeda y la seguridad internacional

2.1. ¿Qué se está cociendo en el Sáhel?

El Sáhel es el área geográfica que limita al Norte con el Sáhara; con las selvas del Golfo de Guinea, el África Central y las sabanas en su frontera Sur natural; en su límite máximo occidental, se encuentra el Atlántico; y el límite oriental podemos ubicarlo en el río Nilo (Egipto).

Así pues, podemos identificar esta franja submagrebí como una extensión vastísima, de millones de metros cuadrados, en los que se incluye, en la mitad occidental, el sur de Mauritania, Senegal, Mali, Argelia y el norte de Guinea y Brukina Fasso, entre otros países.

Estamos, pues, ante una zona geográfica en la que, por fin, tras lamentables sucesos como secuestros, asesinatos y atentados terroristas, parece que Occidente ha decidido poner su 'punto de mira'; una vez comprobado que las franquicias terroristas de Al Qaeda y otros grupos yihadistas no solo disponen de bases y muyahidines en sitios como Irak, Pakistán o Afganistán; sino que el terrorismo internacional se extiende con éxito en el sur del Sáhara, especialmente en escenarios cercanos a Mauritania, Senegal, Mali, Burkina Fasso y, especialmente, el Sáhara Occidental, zona —esta última— que reivindica para sí el Frente Polisario, con la intervención poco sutil de Argelia, en contra del Estado de Marruecos.

El Polisario pretende crear un Estado independiente del que analistas internacionales ponen de manifiesto que estaría abocado —sin remedio— a convertirse en un Estado fallido que sería penetrado muy rápidamente por Al Qaeda en el Magreb Islámico y por otros grupos que operan en el Magreb y que no dudarán en atacar, incluso, intereses argelinos. Por lo tanto, a modo de declaración de principios, Argelia debería tener claro que su apoyo permanente al Frente Polisario no es más que una inversión en terrorismo, algo que parece inconcebible si tenemos en cuenta el sufrimiento que durante años se ha cernido sobre los argelinos.

Lo curioso es observar cómo se producen ciertos apoyos internacionales, cada vez más escasos, al Frente Polisario, una organización que ha entrado en una fase terminal, pero aún peligrosa.

Así, hay que identificar con claridad algunos de los apoyos que en la actualidad —de una u otra manera y en función de intereses espurios— quieren, de manera más o menos expresa, poner 'palos en la rueda' a Marruecos, un país en plena transformación. Veremos en este breve análisis de urgencia que esos apoyos en contra de los marroquíes llegan en ocasiones desde puntos bien lejanos del planeta, e incluso de ideologías antónimas que, empero, son capaces de unirse para lograr determinados fines.

Sin pretender agotar ahora este argumento, ya que hablaremos más delante de forma extensa, pondré un ejemplo de lo que quiero decir: Venezuela e Irán, países que dibujan sus 'mapas de interés' al margen del concierto internacional, han establecido su particular 'bolsa de favores' que están dirigidos a la desestabilización de Marruecos. Otro ejemplo, esta vez más cercano, es todo el trabajo que Argelia —con sus apoyos al Frente Polisario— desarrolla y que tan solo busca ver cumplidos sus particulares intereses como una salida al Atlántico y el fustigamiento al desarrollo de Marruecos. Su apoyo al Polisario no es, en realidad, un apoyo a los saharauis de a pie; estos les importa bien poco, siempre han sido un medio para intentar buscar un escenario que fuera favorable a sus 'eternas' reivindicaciones, aquellas que subrepticiamente sirvieron de base para la creación artificial del Frente Polisario, con la inestimable colaboración del marxista FLN argelino, entre los años 60 y 80, años en los que su actual Presidente hacía ciertos 'juegos malabares' con grupos de extrema izquierda, incluso terroristas. Es fácil recordar la imagen de Bouteflika junto al que durante lustros fue el terrorista más buscado del mundo, Illych Ramírez, conocido con los alias de "Carlos" y "Chacal".

La cortedad de miras de la diplomacia argelina, con Bouteflika al frente, no ve que su país, de darse ciertos escenarios, alguno ya apuntado anteriormente, volvería a vivir años de terror como cuando existían dentro de sus fronteras los grupos terroristas yihadistas, los mismos que finalmente se sumaron para integrar la franquicia de Al Qaeda en el Magreb Islámico.

2.2. ¿Qué es Al Qaeda en el Magreb Islámico?

En febrero de 2006, un comunicado de quienes dirigían entonces el Grupo Salafista para la Predicación y el Combate, más conocido por el acrónimo GSPC de Argelia, anunciaba la muerte de Ahmed Zarabib, quien era conocido como Ahmed Abou al Baraa, que fue uno de sus fundadores. Este líder terrorista fue abatido en el transcurso de una operación militar del ejército argelino, durante el mes de enero, en un complicado teatro de operaciones, como es la región montañosa de Toudja.

El GSPC no tardó en vengar aquella operación militar y, cuando apenas habían transcurrido dos meses, uno de los emires salafistas, Mojtar Belmojtar (del que tendremos que volver a hablar más adelante), diseñó dos comandos, integrados por sus mejores hombres, para ejecutar una acción combinada, propia de la guerra de guerrillas. Fue a pocos kilómetros de la ciudad de Menea. Asaltaron un convoy en el que viajaban funcionarios de la administración argelina, dando muerte, en esa acción, a trece personas. Un mes después, este mismo individuo, en nombre del Islam, ejecutó la segunda parte de la acción que había diseñado; esta consistió en atar cargas explosivas a los hijos de los funcionarios muertos un mes antes y acabar con sus vidas haciéndolos detonar. Un crimen especialmente execrable, propio de un hombre sin alma.

La lucha contra el terrorismo llevada a cabo por Argelia merece todo el reconocimiento, prueba de ello es que, tras los hechos antes descritos, las autoridades de Argel comunicaron que habían conseguido acabar con uno de los principales dirigentes del Grupo Salafista, Samir Saioud, alias "Abu Musaab", en una operación ejecutada en la propia capital argelina.

El tipo de atentados que hasta esas fechas venía ejecutando el GSPC dirigidos contra cualquier elemento de la administración pública argelina, con daños colaterales gravísimos concretados en la muerte de cientos de musulmanes, fue uno de los primeros elementos que hicieron que la división central de Al Qaeda se decidiera a actuar. El GSPC estaba logrando altos grados de desafección por parte de los musulmanes, incluso de aquellos más comprometidos con una Yihad violenta. Además, el GSPC estaba acosado por las autoridades de Argelia.

Así que el número dos de Al Qaeda, Ayman al-Zawahiri, por orden directa de Bin Laden, ordenó que se realizaran contactos con el GSPC para reconducir su modus operandi.

El resultado de esas negociaciones lo conocimos el 11 de septiembre de 2006, quinto aniversario del ataque de Al Qaeda con aviones comerciales, contra las Torres Gemelas del World Trade Center de New York y la destrucción parcial del Pentágono. Al-Zawahiri anunciaba que «Osama

Bin Laden me ha encargado anunciar a los musulmanes la adhesión del Grupo Salafista para la Predicación y el Combate (GSPC) a Al Qaeda, para que se convierta en una espina en la garganta de los cruzados estadounidenses y franceses y de sus aliados». Así fue como, de forma definitiva, el grupo pasó a denominarse, tal y como hoy es tristemente conocido, Al Qaeda en el Magreb Islámico (AQMI).

2.3. Amenazas para España, Francia y Marruecos

En el mes de septiembre de 2007, tres años después de que se produjeran los atentados de Madrid, Aymán al-Zawahiri puso a España, una vez más, en el punto de mira del terrorismo internacional para 'la recuperación de Al-Andalus', dirigiéndose personalmente a los integrantes de Al Qaeda en el Magreb Islámico a los que dijo: «es un deber para la Nación (se refiere a la nación islámica) y para ustedes en particular. Solo se podrá lograr ese objetivo desembarazando al Magreb Islámico de los hijos de Francia y España». Una vez más, se difundió este mensaje en un vídeo en coincidencia con el aniversario de los ataques a Estados Unidos.

Las amenazas continuaron poco después, realizadas ya por el propio AQMI en el año 2008, cuando en el mes de septiembre, el considerado líder, Abdelmalek Droukdel, convocó a la unión en la Yihad Violenta para, además de atacar a España y a Francia, «cometer atentados en los países apóstatas de Marruecos, Túnez, Argelia y Mauritania».

En este último país, unos días antes de dar a conocer el comunicado, los yihadistas asesinaron a doce militares bajo la excusa de que Mauritania mantenía relaciones con Israel.

2.4. De las amenazas a las acciones

Los miembros de Al Qaeda en el Magreb Islámico reivindicaron —tras el comunicado citado antes— otras acciones violentas, como la inmolación de tres activistas en Casablanca (Marruecos), el asesinato de un agente de Policía y un doble atentado en Argel. En esta última acción, causaron la muerte a veinticuatro personas y provocaron heridas a más de doscientas. Los objetivos fueron contra la sede del Gobierno y contra una comisaría, empleando en ambos atentados casi dos toneladas de explosivo.

Por su parte, la inteligencia marroquí fue la primera en descubrir una célula terrorista vinculada a las acciones antes citadas. Tras esta serie de atentados, un nuevo comunicado de Al Qaeda venía a subrayar la amenaza constante a los países del Magreb, a España y a Francia, pues se afirmaba que no se detendrían «hasta recuperar la tierra del Islam, desde Jerusalem hasta Al-Andalus».

Los atentados y las respuestas por parte de los gobiernos amenazados se fueron repitiendo durante el resto de 2007 y 2008, pero los años de especial intensidad y en los que se han visto afectados Inglaterra, España y Francia se han venido registrando durante 2009 y 2010. Así, recordaremos que en el mes de enero de 2009, AQMI secuestró a un turista británico, Edwain Dyer, cuando este se encontraba en Níger. Lo tuvieron bajo secuestro durante cinco meses y finalmente lo ejecutaron. Al Qaeda en el Magreb chantajeó a Inglaterra: Si lo querían vivo, el gobierno del Reino Unido tenía que liberar a Abu Qutada. ¿Quién es este personaje? Es conocido como el predicador del odio, es natural de Jordania y, sin lugar a dudas, podemos calificarlo, sin miedo a exageraciones, como uno de los más importantes líderes del fundamentalismo islámico que primero inspiraría el Grupo Salafista para la Predicación y el Combate, grupo que tras la intervención del número dos de Bin Laden, Ayman al-Zawahiri, acordó su reconversión en Al Qaeda en el Magreb Islámico. Ha sido autor de *Fatwas* (sentencias de etiología religiosa) dirigidas contra personas concretas, instituciones y países, y que se han descubierto vinculadas a la ejecución de individuos en diferentes zonas geográficas. Pero es más, hay evidencias de que tanto los autores de los ataques a Estados Unidos como los que cometieron la masacre del 11-M en Madrid disponían de documentos y material videográfico de este líder espiritual. Los indicios de que habían mantenido encuentros con él son más que meras sospechas. Pues bien, los de Al Qaeda en el Magreb Islámico solicitaban su liberación a Inglaterra, donde aún está a la espera ser extraditado a Siria, para poner en libertad a Edwain Dyer y, además, pedían la entrega de diez millones de dólares. Tales reivindicaciones no fueron atendidas por el gobierno inglés y el secuestrado fue ejecutado.

Ahora bien, fue por entonces cuando pudimos conocer que junto a esta víctima británica fueron secuestrados varios turistas más de diferentes nacionalidades europeas que fueron liberados con anterioridad, después de que se produjeran negociaciones orientadas a su liberación. ¿A cambio de qué? Todo apunta a que las contraprestaciones fueron en un doble sentido: el económico y el de la liberación o modificación de las condiciones de presos.

La liberación más conocida fue la del ciudadano galo, cooperante social, Pierre Camatte. Sea por casualidad o no, lo cierto es que su liberación por parte de los terroristas coincidió con la excarcelación de varios islamistas que permanecían en las prisiones de Mali cumpliendo condena. Veremos que estas liberaciones se parecen mucho a las llevadas a cabo como conclusión a otros secuestros, por ejemplo, el de los tres cooperantes españoles.

Ya en el mes de abril de 2010, Al Qaeda en el Magreb Islámico volvió a secuestrar, otra vez en Níger —como lo ha realizado al tiempo que redactábamos el presente libro—, a un turista galo, Michel Germaneau. Los secuestradores conminaron a Francia a que impulsara la liberación en Mauritania de varios islamistas que cumplían condena. Como respuesta al acto terrorista del secuestro, se diseñó una operación de comandos conjunta entre Mauritania y Francia. En su ejecución, los militares de ambos países lograron acabar —el pasado 22 de abril— con varios terroristas, pero no se produjo la liberación del ciudadano francés. Tras el fracaso de la operación, se asumió que el asesinato de Germeneau sería inminente y, desgraciadamente, así fue. Al Qaeda en el Magreb Islámico aparcó definitivamente cualquier negociación y ejecutó al secuestrado.

2.5. El secuestro de los cooperantes españoles, una acción de Al Qaeda y miembros del Polisario

El día 29 de noviembre de 2009, se produjo el secuestro de los cooperantes españoles de la ONG catalana Barcelona Acció Solidaria, Albert Vilalta, Roque Pascual y Alicia Gámez. El suceso se produjo en Mauritania a poco más de cien kilómetros de la capital, Nuakchok, cuando se trasladaban hasta Dakar en una caravana compuesta por trece vehículos.

Los tres cooperantes secuestrados viajaban en el último vehículo. Uno de los secuestrados, Vilalta, recibió varios disparos durante el secuestro, al parecer, cuando intentó huir.

La mujer fue liberada después de varias semanas de cautiverio, desconozco 'oficialmente' si hubo alguna contraprestación; según un comunicado de AQMI, la liberación se produjo después de que se convirtiera al Islam, además de por su delicado estado de salud.

El secuestro terrorista fue dirigido Mojtar Belmojtar, ¿recuerdan? Fue el yihadista que mató a los funcionarios que ocupaban un autobús en Argelia y, un mes más tarde, asesinó a veintidós niños, hijos de esos funcionarios. En los atentados, hizo que se ataran al cuerpo de los secuestrados diferentes cargas de explosivos. Un desalmado.

2.6. Personas vinculadas al Polisario participaron en el secuestro, aunque el Polisario y Argelia lo nieguen

El Frente Polisario hace años que adoptó la vieja técnica de convertir una mentira en un falaz simulacro de verdad con el método de la repetición y la difusión masiva de la falacia, logrando así que esta se asiente en el imaginario común, como si de una verdad se tratara. Si Goebbles levantara la cabeza, vería en el Polisario a un alumno aventajado.

Para ello, ha sido capaz de aprovechar en la sociedad civil española el apoyo de ciertos colectivos, movimientos, grupos y asociaciones —integrados en la mayor parte de los casos por personas bien intencionadas— que han terminado por conformarse en auténticos altavoces de la falacia global que es, en realidad, el Frente Polisario.

Vayamos a una de las últimas grandes mentiras del Frente Polisario, esta vez, en relación con el secuestro de los cooperantes españoles cometido por Al Qaeda en el Magreb Islámico, el antiguo Grupo Salafista para la Predicación y el Combate.

El pasado 12 de marzo de 2010, el Ministerio de Información de la autoproclamada República Saharaui emitió un comunicado en el que desmentía "rotundamente" que elementos saharauis y del Frente Polisario hubieran podido participar en el secuestro de los cooperantes catalanes que fueron liberados hace unos días.

El comunicado del Polisario decía que «el llamado Omar Uld Sid Ahmed Uld Hamma, conocido por el nombre de Omar el Saharaui, no es nativo del Sáhara Occidental y no pertenece ni perteneció a ningún órgano ni del Frente Polisario ni del Estado Saharaui». En otro de los múltiples desmentidos, se llegaba a decir que «ni siquiera tenía lazos de sangre con el pueblo saharaui» e insistían en su no pertenencia al Frente Polisario.

Nada más lejos de la realidad. Basta recoger testimonio de las investigaciones de la Justicia de Mauritania donde se pone de manifiesto que en el secuestro participaron elementos de los campamentos polisarios ubicados en Argelia e, incluso, de militares de esta organización.

Dicen que 'se coge antes a un mentiroso que a un cojo' y, aunque el Polisario y sus supuestas autoridades reproducen conductas diametralmente opuestas a una mínima transparencia, no ha podido evitar en esta ocasión que desde dentro de su organización haya quien esté dispuesto a facilitar información de lo que realmente está ocurriendo.

Lo cierto es que el principal acusado del secuestro de los españoles, Omar Uld Sid Ahamed Uld Hamma, alias "Omar el Saharaui", como él mismo ha confesado, ha vivido más de diez años en los campamentos de Tinduf, y hay certificaciones, del propio Frente Polisario, que avalan tales datos, además de las investigaciones de las autoridades mauritanas.

"Omar el Saharaui", después de ser condenado por Mauritania, fue trasladado a Malí, donde fue puesto en libertad de inmediato. La excusa para tal extradición era que se trataba de un ciudadano maliense. Pero si todo eso es así, cómo es posible que Mauritania no haya protestado ya por la inmediata liberación de quien, trabajando para Al Qaeda, en la ejecución de un secuestro en su territorio, acabó siendo puesto en libertad, pocas horas después del juicio.

Merece la pena preguntarse por qué Argelia, que pone el grito en el cielo cada vez que un país europeo paga dinero por el rescate de sus nacionales secuestrados, no alza la voz contra la liberación de este colaborador de Al Qaeda en lo que se conforma como un episodio lamentable e inadmisible y lleno de claros y oscuros.

En realidad, Omar, como ponen de manifiesto los diferentes documentos de la propia administración saharaui a los que hemos tenido acceso, estuvo viviendo en los campamentos de Tinduf hasta ser detenido entre enero y febrero pasados por los mauritanos una vez que comprobaron su participación en el secuestro de los españoles, el más largo de los que se han producido en la región del Sáhel. Pues bien, a pesar de su relación con el Frente Polisario, esta organización, apoyada por Argelia, ha tratado por todos los medios de desvincularse del detenido, condenado e inmediatamente puesto en libertad en Malí, tras ser juzgado como autor material del secuestro de los españoles.

Omar Uld Sid Ahmed Uld Hamma, alias "Omar el Saharaui", fue sancionado a doce años de prisión y trabajos forzados por la justicia mauritana, en un extraño proceso judicial a contrarreloj, repleto de apelaciones con las que se fueron reduciendo sus posibles penas desde cadena perpetua hasta veinte años y finalmente doce años de cárcel.

Uno de los cómplices en el secuestro, Bujari Uld Mahmud Uld Isaui, fue condenado a un año de cárcel exento de cumplimiento, mientras que los otros cuatro procesados en el juicio contra los autores del secuestro de los cooperantes catalanes Albert Vilalta, Roque Pascual y Alicia Gámez quedaban absueltos por falta de pruebas.

La Fiscalía mauritana, en su alegato final, como queda dicho, redujo sorprendentemente las penas solicitadas contra los imputados y pidió para "Omar Saharaui" una condena mínima que, al fin y a la postre, no cumplirá. Por cierto, la Sala Penal del Tribunal de Nuakchot consideraba que "Saharaui", además de los doce años de cárcel, tenía que pagar una multa de unos treinta mil euros y sus bienes debían ser confiscados.

El condenado, según un testimonio de la sentencia, fue hallado culpable de «atentado deliberado contra la vida de personas y su seguridad, secuestro, acuerdo remunerado para controlar la libertad de una persona y utilización del territorio de la República Islámica de Mauritania para cometer actos terroristas contra extranjeros».

El fallo judicial venía a considerar de esta manera que el papel de "Omar Saharaui" en el secuestro «fue determinante pero secundario», y que el cabecilla de la acción fue Mohamed Uld Ahmed Deye, alias "Ruyi". Este junto a Moctar Belmoctar, jefe de la rama de Al Qaeda en el Magreb Islámico (AQMI) y Mini Uld Babe Uld Sid El Moctar, iban a ser juzgados en rebeldía por el mismo tribunal, pero finalmente se tomó la decisión de posponer su juicio hasta que fueran arrestados y puestos a disposición de la justicia.

Los familiares de los procesados que fueron absueltos celebraron con sorpresa la decisión de los jueces nada más escucharla en la sala, no podían creerlo.

El mismo tribunal decidió absolver a otros dos saharauis que también estaban siendo juzgados en rebeldía por su supuesta implicación en el caso.

Los tres cooperantes catalanes, de la organización no gubernamental Barcelona Acció Solidaria, habían sido secuestrados cuando viajaban de regreso a Nuakchot desde el puerto de Nouadhibou, el 29 de noviembre pasado, y trasladados a Mali. Alicia Gámez fue liberada en marzo. Roque Pascual y Albert Vilalta siguieron en manos de sus secuestradores hasta que fueron puestos en libertad en la frontera de Burkina Fasso.

Los seis detenidos fueron arrestados en enero y febrero de este año. Al Qaeda, que asumió la autoría del secuestro, había afirmado previamente que había secuestrado a los cooperantes debido a la participación española en las operaciones militares internacionales en Irak y Afganistán.

El gobierno español negó haber pagado por su liberación, aunque fuentes vinculadas a diferentes servicios de inteligencia estiman que la cantidad abonada por el rescate de los secuestrados fue de unos diez millones de euros, eso en cuanto al dinero. En realidad, ha habido más contraprestaciones entre las bambalinas de todo lo ocurrido.

Las contraprestaciones hemos de buscarlas en el sorprendente proceso judicial que acabó con una condena de doce años para el autor material del secuestro de los cooperantes y en el hecho de que, a las pocas horas de dictarse sentencia, mientras los periodistas preguntaban dónde se encontraba Omar, las autoridades mauritanas aplicaron unos supuestos protocolos de cooperación judicial con Malí y decidieron extraditar al reo a Bamako, sin que previamente se hubiera solicitado formalmente su extradición.

Mauritania, obviando las informaciones precisas de que Omar podría ser un saharaui de los campamentos del Frente Polisario argelino, y que nada tenía que ver con Malí, procedió a la extradición, y esta se materializó en un avión fletado por España, según fuentes de aquel país.

En realidad, además de la extradición de Omar, quien al llegar a Bamako fue puesto en libertad automáticamente, otros terroristas fueron sacados de las cárceles malíes con el fin de facilitar el final de las negociaciones para la liberación de los dos cooperantes que aún quedaban a disposición de Al Qaeda en el Magreb Islámico. Negociaciones en las que también participó el propio secuestrador al que luego vimos conduciendo el vehículo todo terreno en el que fueron liberados los españoles, que incluso bromearon con él.

En definitiva, España, el Gobierno o quien fuera pagó un rescate de unos diez millones de euros por la liberación; ayudó al autor del secuestro con recursos interpuestos hasta el extremo de que, como acabamos de decir, pudo ser fotografiado y grabado llevando el todo terreno en el que los cooperantes catalanes fueron conducidos hacia Burkina Fasso.

En medio de esta situación, tenemos a Argelia, país que dirige los designios del Polisario y de los cuarenta y seis mil saharauis que quedan en los campamentos de Tinduf, y que adoptó en todo el proceso un papel extraño que se limitó a presionar para que los posibles saharauis y polisarios que resultaran implicados quedaran fuera de cualquier vinculación con el secuestro.

Volvamos por un momento al secuestro de los cooperantes españoles. La ONG África-Fundación Sur emitía en esos días una información en la que denunciaban que militares del Frente Polisario habían ayudado a Al Qaeda en el

Magreb Islámico a realizar el secuestro de los cooperantes españoles y, además, a huir a los secuestradores con sus víctimas hasta la frontera de Malí. Esta es la crónica que apareció publicada el 12 de abril de 2010 en *Le Potentiel,* en la República Democrática del Congo, firmada por Freddy Mulumba Kabuayi:

«Después de largas semanas de espera, por fin se hizo la luz sobre las circunstancias de los sucesos ocurridos en la frecuentada ruta que une Nuadibú y Nuakchot, en Mauritania, el pasado 29 de noviembre de 2009, cuando fueron secuestrados tres cooperantes españoles, miembros de una ONG catalana; cuando transportaban ayuda a las poblaciones más desfavorecidas de algunas partes subsaharianas, así como sobre el asunto del secuestro de la pareja de italianos, el 18 de diciembre, en la región de Kobeni, a más de 700 kilómetros de la capital mauritana, Nuakchot. En efecto, después de haberse confirmado por parte de la ministra mauritana de Asuntos Exteriores, Naha Ould Mouknass, que "todas las personas" que participaron en los secuestros en Mauritania, en diciembre, de una pareja de italianos, habían sido arrestadas, Nuakchot acaba de anunciar que el principal autor de los hechos, por parte de Al Qaeda del Magreb Islámico, Aqmi, de tres españoles ha sido inculpado y encarcelado en compañía de cinco de sus seguidores, sin hablar de otros dos que han sido puestos bajo vigilancia judicial. En este mismo sentido, las autoridades mauritanas anunciaron el día 29 de marzo que 20 personas habían sido inculpadas y encarceladas por su supuesta pertenencia a un grupo de traficantes vinculados a Al Qaeda en el Magreb Islámico. Estos últimos acontecimientos ilustran la determinación del nuevo equipo de dirigentes mauritanos para acabar con la utilización de su territorio por los grupos criminales y terroristas. Alarmados por la proliferación de todas las formas de tráfico en su país y por los movimientos de grupos terroristas vinculados al brazo de Al Qaeda en el norte de África, los servicios de seguridad mauritanos se han desplegado, gradualmente, sus investigaciones para llevar ante la justicia a los responsables de los secuestros de los europeos. La investigación ha revelado que estos actos fueron obra de redes criminales que actúan en total impunidad en la extensa tierra de nadie, que representa el triángulo fronterizo entre Mauritania, Argelia y Mali. <u>Peor aún, estos criminales no son otros que los traficantes que provienen de los campos del Frente Polisario en Tinduf, algunos de los cuales trabajan para las estructuras militares de este movimiento separatista con sede en el suroeste de Argelia. Por otra parte, las investigaciones han confirmado que el secuestro de los tres españoles, de los que dos todavía están en manos de Mokhtar Belmokhtar, emir de Al Qaeda en el Sahel, no se habría podido efectuar sin la contribución del llamado Omar Ould Sid Ahmed Ould Hamma, alias Omar Saharaui, miembro del Frente Polisario que acaba de ser reconocido por la justicia mauritana como el principal autor del rapto en cuestión y encarcelado en la prisión central de Nuakchot.</u>

»Según las fuentes de seguridad mauritanas, además del arresto de este individuo directamente relacionado con Mokhtar Belmokhtar, las autoridades mauritanas han inculpado a más de una veintena de personas por el mismo asunto, entre las cuales se han podido identificar a algunos "militares" en ejercicio en el seno del Frente Polisario. Entre ellos estaría Mohamed Salem Mohamed Ali Ould Rguibi, de unos 50 años, que ejerce en la cuarta región militar del Polisario, Mohamed Salem Hamoud, de unos 20 años, que ejerce en la misma región, así como Nafii Ould Mohamed M'Barek, de unos 50 años, que había ejercido en la séptima región militar del Polisario, antes de meterse en el contrabando y el tráfico entre Zouerate y Atar, al norte de Mauritania.

»Más allá de todas estas consideraciones, queda claro que los resultados de las investigaciones de las autoridades mauritanas han puesto de relieve el alcance de las conexiones desarrolladas por los emires sahelianos de Aqmi, en las filas de los grupos criminales que están activos en los estados de la región, donde han recibido la orden de "subcontratar" las actividades terroristas de la rama magrebí de Al Qaeda y de secuestrar a los trabajadores humanitarios occidentales, para revenderlos a las estructuras de esta organización, que tienen sede en el vasto norte de Mali.

»Este asunto constituye la enésima prueba que demuestra la manera en la que Aqmi se beneficia de la persistencia de los conflictos separatistas en la región, como el conflicto del Sáhara con Marruecos, para comprar los servicios de ciertos separatistas, fácilmente orientados a facilitar las actividades terroristas, dada la incapacidad de sus dirigentes del Polisario de ofrecer perspectivas políticas tranquilizadoras para su futuro».

Otro despacho de la Agencia EFE, que no tiene desperdicio, pone al descubierto el reconocimiento de los polisarios secuestradores y lo que cobraron:

«La Fiscalía mauritana ha pedido cadena perpetua con trabajos forzados para el principal imputado por el secuestro de tres cooperantes catalanes en Mauritania, Omar Saharaui, y para tres de sus presuntos colaboradores. El Ministerio Público ha reclamado penas de tres y dos años de prisión firme para otros dos implicados en el caso. Por su parte, el presidente de la Sala Penal del Tribunal de Nuakchot ha decidido suspender el juicio contra otros cinco procesados en rebeldía —entre quienes se encuentra Moctar Belmoctar, presunto jefe de la rama de Al Qaeda Islámico (AQMI) que mantiene secuestrada a Albert Vilalta y Roque Pascual— hasta que sean arrestados.

»El fiscal ha pedido la cadena perpetua para Omar Uld Sid'Ahmed Uld Hame, verdadero nombre de Omar Saharaui, al considerarlo el organizador material del secuestro el pasado 29 de noviembre de Vilalta, Pascual y Alicia Gámez —liberada en marzo— en la carretera entre Nuakchot y Nuadibú. Según la acusación, Saharaui reconoció haber recibido 10 millones de francos CFA (unos 15.000 euros) de Belmoctar por ejecutar el secuestro, una parte antes y otra después de haberlo llevado a cabo. La Fiscalía demandó la misma pena para Mohamed Salem Uld Ahmuda Uld Mohamed, militar del Frente Polisario, a quien acusa de haber guiado a los captores en su huida a través de territorio saharaui hacia Mali.

»Igualmente, la Fiscalía reclama la cadena perpetua para los colaboradores Bujari Uld Isaui y Elid Uld Lehbus, quien no intervino en el secuestro directamente, ya que, pese a haber sido reclutado por Saharaui para viajar desde Argelia a Mauritania para participar en él, cayó enfermo y no pudo hacerlo. Mientras, se pidieron tres años de prisión firme y una multa de 200.000 uguiyas (550 euros) para la hija de Uld Isaui por haber alertado a Saharaui después de que su padre fuese detenido, lo que permitió su huida a Mali, y dos años y 500.000 uguiyas (1380 euros) contra otro acusado por haber aprovisionado a los secuestradores.

»El presunto autor del secuestro de los cooperantes españoles en Mauritania, Omar Saharaui, se declaró "no culpable", al igual que otros cinco supuestos implicados, en el comienzo del juicio que se abrió hoy en Nuakchot por este caso. Saharaui, cuyo verdadero nombre es Omar Uld Sid'Ahmed Uld Hame, está siendo juzgado por la Sala Penal del Tribunal de Nuakchot junto a otras diez personas, de la cuales cinco están procesadas en rebeldía.

»Ante una gran expectación mediática y con presencia de varios diplomáticos europeos en la sala, el tribunal abrió la sesión extraordinaria con las declaraciones de los imputados, que coincidieron en negar los cargos y declararse "no culpables". Saharaui señaló en su intervención que no tiene nada que ver con el secuestro, y que únicamente se dedica a trabajar como comerciante ambulante a través de las fronteras entre Mauritania, Mali y el territorio saharaui.

»En el banquillo de los acusados se sienta también Mohamed Salem Uld Ahmuda Uld Mohamed, quien según su propia confesión es militar del Frente Polisario, y a quien la Fiscalía acusa de haber guiado a los captores a través de territorio saharaui en su huida con los secuestrados hacia Mali.

»Entre los procesados en rebeldía se encuentra el argelino Moctar Belmoctar, conocido también como Jaled Abulabas y Moctar Belauar, supuesto dirigente de la rama de Al Qaeda en el Magreb Islámico (AQMI) que mantuvo secuestrados a Albert Vilalta y Roque Pascual. Ambos cooperantes de la ONG Barcelona Acció Solidaria fueron raptados a 150 kilómetros de Nuakchot, cuando viajaban en una caravana humanitaria. Junto a ellos también fue secuestrada Alicia Gámez quien fue liberada el pasado 10 de marzo por sus captores».

2.7. Entre las bambalinas del secuestro y la liberación

El emir de la célula de Al Qaeda en el Magreb Islámico, el referido Mojktar Belmojtar, además de la contraprestación económica, pidió, para liberar a los secuestrados españoles, que el mauritano Tagui Ould Youssef, que fue uno de sus lugartenientes durante las acciones terroristas que ya hemos citado cometidas en Níger, fuera liberado; a lo que las autoridades de este país se negaron, pese a las peticiones realizadas por el Ministro de Exteriores español, Miguel Ángel Moratinos. Tras esta negativa y teniendo en cuenta la 'buena disposición' a negociar puesta de manifiesto por el jefe de la diplomacia española, Belmojtar pidió entonces que el autor material del secuestro "Omar el Saharaui" quedara en libertad. De cara a la galería, en un primer momento, Mauritania se negó, pero luego pasó lo que ya hemos narrado.

Finalmente, la liberación se produjo una vez se habían completado las peticiones económicas y aquellas referidas a la puesta en libertad de "Omar el Saharaui" con la intermediación de un individuo que ha participado en otros procesos similares, identificado como Mustafá Chafí, consejero del presidente de Burkina Fasso, en un proceso arduo y lento en el que directamente participaron sobre el terreno agentes del Centro Nacional de Inteligencia español.

Miembros de esta institución del Estado han manifestado, para la redacción de este libro, que es «cada vez más evidente que elementos vinculados de una u otra forma al Frente Polisario tienen unas relaciones fluidas con Al Qaeda en el Magreb Islámico» y, por lo ocurrido en el secuestro de los españoles, está claro que esta es la realidad.

Merece la pena citar aquí que el día 16 de agosto de 2010, la Televisión Al Arabiya insistió en que la liberación de los secuestrados se debió al traslado a Malí de "Omar el Saharaui", después de que el referido asesor del presidente de Burkina Fasso informara al gobierno español, un par de semanas antes de que «el secuestro se encontraba en su recta final»; y así fue pues, transcurridos los quince días, concretamente el 23 de agosto, Mustafá Chafi volaba en un helicóptero junto a los secuestrados y desde el propio aparato comunicó la liberación a las autoridades españolas, que los esperaban preparados con un avión de la Fuerza Aérea Española para trasladarlos finalmente a Barcelona.

Las negativas del gobierno español de confirmar el pago del rescate quedaron en 'agua de borrajas' o prácticamente desmentidas, pues el mismo día de la liberación, Al Qaeda en el Magreb Islámico dio a conocer un comunicado, enviado al diario español *El País* en el que decían que la liberación fue posible tras haber «hallado una solución positiva después de que se le hubieran concedido algunas de sus peticiones».

Cínicamente, la organización terrorista aprovechaba la liberación, bajo condiciones inconfesables, de los españoles, y arremetía contra Francia diciendo que «esta es una lección dirigida a la clase política francesa para que lo tengan presente en el futuro. Tuvieron la posibilidad de actuar con cabeza y responsabilidad con los muyahidines. También tuvieron la posibilidad de haber evitado la locura y el enfado que llevó a la muerte de sus propios ciudadanos». Lo que no cabe interpretar más que en relación con el asesinato del turista francés en el mes de julio, tras la fallida acción antiterrorista francesa y mauritana en la que murieron seis yihadistas.

Mustafá Chafí, el oportunísimo asesor en materia de secuestros del presidente de Burkina Fasso, es un personaje digno de ser investigado o, al menos,para tener en cuenta. Él fue el auténtico mediador con los agentes del CNI que se desplazaron a la zona. Se recurrió a él no de forma caprichosa, sino porque se conocía su intermediación tiempo atrás en la liberación de dos canadienses que también fueron secuestrados por Al Qaeda en el Magreb. Está claro, si Chafí sirvió como intermediador, no solo fue reconocido como tal por el Centro Nacional de Inteligencia de España, sino por el mismísimo Mojtar Belmojtar, quien también estaba detrás del secuestro de los canadienses.

2.8. El Sáhel y el Frente Polisario, un reto para Europa, Marruecos y Argelia

El Sáhel es una zona casi incontrolable, especialmente por la falta de medios de los países que la circundan y que ha terminado por convertirse en el teatro de operaciones de grupos yihadistas, la mayoría de ellos vinculados a los antiguos grupos terroristas islámicos argelinos que, como ya hemos descrito, fueron designados por la central de Al Qaeda como su franquicia en la zona.

Esta realidad confluye geográficamente con el escenario en el que se desenvuelve el Frente Polisario, apoyado por Argelia, país que ha sufrido el terrorismo islamista de forma terrible y, justo es reconocerle, que ha luchado contra este fenómeno, lo que no se compadece con el hecho de que no esté interviniendo para evitar la sutil mezcla que empieza a darse entre el Polisario y los yihadistas.

Los países occidentales son conscientes —al menos deberían serlo— de que el Sáhel, especialmente la zona descrita, es una nueva base de Al Qaeda, en la que no solo entrenan los terroristas, sino que además donde se decide atacar en los países cercanos contra intereses occidentales; pero —más a más— con los recursos que obtienen de esas acciones, entre las que destacan los secuestros, lo que se plantean, en un futuro más o menos cercano, es atacar a Marruecos y, en Europa, a Francia y a España. Queda de más decir que en el punto de mira de Al Qaeda en el Magreb Islámico también están los intereses norteamericanos en Marruecos, incluyendo los dispositivos militares desplegados, y para ello no dudarían en recurrir a la ayuda del Frente Polisario; como lo hacen para otras labores de apoyo, tanto logístico como en la ejecución de sus misiones.

Creo que merece la pena que ahondemos, un poco más, en relación con el terrorismo en el Sáhara y en el Sáhel.

A finales del año 2006, como ya se ha mencionado, el número dos de Al Qaeda (nunca es fácil establecer esa jerarquía numérica, yo me inclino a pensar que sería más claro pensar en una jerarquía estratégica y táctica); bien, el número dos de Bin Laden, Ayman al-Zawahiri, que es sin duda quien en esos momentos dirige toda la acción de difusión de mensajes y propaganda de la organización terrorista, lanzó una amenaza clara contra España, apuntando a las ciudades de Melilla y Ceuta que describía como 'ocupadas por infieles'. No nos olvidemos que el Grupo Salafista para la Predicación y el Combate, Al Qaeda, ya fue mencionado —en su día— como vinculado a los atentados de Madrid de 2004. A esta amenaza concreta, hay que sumar el surgimiento con fuerza, más o menos relativa, en el propio Marruecos, de la denominada Salafiya Yihadia, que surgió de la matriz del que fuera denominado Grupo Islámico Combatiente Marroquí (GICM), implicado en los atentados de Casablanca. De esta organización, fueron encontrados culpables más de una treintena de personas. Este grupo no se conformaba ni se conforma como un todo homogéneo, jerarquizado… no, sino que —según fuentes policiales marroquíes— sería un complejo de subgrupos que irían desde Los Marroquíes Afganos hasta Al Hijra Wattakfir, el Attakfir Bidum Hijra, Assirat al Mustaquim y Ansar al Islam; grupos que nacieron de la ideología surgida en Arabia Saudí con motivo del primer conflicto del Golfo en el año 1991. Sus acciones han de enmarcarse en uno de los frentes de lucha establecidos por Al-Zawahiri en sus mensajes de atacar a España y a Francia como infieles, y a Marruecos, como apóstata.

En un informe sobre amenazas yihadistas en el Sáhel y el Sáhara, firmado por Hrach Gregorian, presidente del *Institute of World Affairs* (Estados Unidos) y profesor asociado de la *Royal Roads University* (Canadá), se ponen de manifiesto dos aspectos sobre los que merece la pena reflexionar y, a la luz del conocimiento y de los trabajos de campo, sacar conclusiones novedosas. Afirma el autor, citando informes de los analistas de riesgos de Oxford

Analytica en el Reino Unido que «Estados Unidos teme que las comunidades musulmanas de África puedan radicalizarse, del mismo modo que lo han hecho la indonesia y otros países periférico. Sin embargo, a excepción de la secta Tabliq del Frente Aliado Democrático de Uganda, a reciente incidencia de la militancia islámica es muy baja en prácticamente todos los países africanos. De hecho las religiones africanas tradicionales tienen una vinculación mayor con las guerras insurgentes en el continente. Las comunidades musulmanas proceden en gran parte de la tradición Suwaria moderada del islam sufí, y no han participado en la Yihad en África desde el Siglo XIX».

Esta optimista visión choca radicalmente con los procesos de cambio rápidos que se están dando en la zona del Magreb. Es mi opinión que las impresiones mostradas por la Oxford Analytica del Reino Unido goza de una percepción incorrecta, fruto de su alejamiento e incomprensión de los fenómenos que se dan coincidentes en la zona o simplemente de un desconocimiento pasmoso de lo que está pasando.

La conclusión del informe de Hrach Gregorian, por el contrario, me parece algo más ajustada a la realidad:

«Consideradas aisladamente las operaciones terroristas llevadas a cabo por los yihadistas e el África noroccidental, no parecen representar ninguna amenaza mundial. Su impacto acumulativo, SIN EMBARGO, resulta perjudicial para los países y las sociedades de la Región pues ha provocado daños materiales, pérdidas económicas y, lo más importante, se ha cobrado numerosas vidas humanas. Asimismo, tal y como se ha demostrado ampliamente en los últimos años, incluso las instalaciones de entrenamiento más modestas situadas en ubicaciones remotas del desierto

pueden servir como lanzaderas para ATAQUES IMPOR-
TANTES, sobre todo en las zonas vecinas del Magreb y en
ciertas partes de la Europa Mediterránea. Las operaciones
terroristas, también suponen graves amenazas potenciales
para el sector energético, y esto tiene claramente implica-
ciones a escala mundial. Teniendo en cuenta todos estos aspectos, sería INSENSATO no supervisar de cerca <u>LA
PENETRACIÓN OPERATIVA, y también la ideológica,
en la región de islamistas radicales, así como las actividades de sectores locales autorradicalizados</u>. El desafío ha
consistido y seguirá consistiendo en lograr EL EQUILI-
BRIO APROPIADO ENTRE LAS OPERACIONES DE
LUCHA CONTRA EL TERRORISMO, que son en gran
parte de naturaleza reactiva, y los esfuerzos más proactivos
orientados a la liberación política y las reformas económicas, que van de la mano de campañas de convencimiento y
propagandísticas. SI SE HACE DEMASIADO POCO
PARA FRENAR LA AMENAZA YIHADISTA, SE
CORRE EL RIESGO DE SUFRIR NUEVOS ATENTA-
DOS A LOS DE CASABLANCA O MADRID, pero si se
hace demasiado, por ejemplo mediante tácticas contunden-
tes y ofreciendo de facto cobertura a regímenes opresores,
se corre el riesgo de favorecer a los proselitistas radicales y
a los pequeño ejércitos de entusiastas asesinos».

Como verá, las conclusiones de Gregorian parece que
estuvieran cogidas con alfileres, están próximas a la realidad, pero suenan como huecas. Lo digo con todo respeto,
porque al mismo tiempo no dejo de leer en esa conclusión
una llamada de atención, sobre la que estoy insistiendo
desde el principio de estas páginas, y que él, sin mencionar
el conflicto concreto del Sáhara Occidental y todo lo rela-

cionado con el denostado Frente Polisario, da la impresión de que nos suministra una receta, especialmente cuando dice con claridad que no sería sensato dejar de supervisar de cerca la penetración operativa y también la ideológica en la región de islamistas radicales, así como las actividades de sectores locales AUTORRADICALIZADOS.

2.9. La amenaza real

Este terrorismo en el Sáhel es una amenaza real especialmente para Marruecos, pero —que nadie lo dude— es un riesgo para la propia Argelia y para los países del Magreb donde la consolidación de regímenes de un Islam moderado —considerado apóstata por Al Qaeda— está favoreciendo su crecimiento, en buena medida, merced a inversores internacionales que miran con confianza a estos países, de los que el ejemplo más claro es Marruecos.

España y Francia están en la agenda de objetivos de AQMI, falta saber cómo y cuándo materializarán las amenazas, y si en la ejecución de las mismas, tendremos que ver si participan o colaboran de cualquier modo miembros o exmiembros del Frente Polisario, grupo que cuenta con defensores en España, así como ayudas económicas.

2.10. Cooperación internacional integrada en la zona

La iniciativa norteamericana del Partenariado Contraterrorista Transahariano, que está integrado por países del Magreb y el Sáhel, es un primer paso para combatir a Al Qaeda en la zona. No es un simple gesto ya que la iniciativa está seguida de la puesta en marcha de una base de utilización conjunta con Marruecos en la zona de Tan Tan, prácticamente en el Sáhara Occidental, territorio que reivindica para sí el Frente Polisario.

No cabe más que a la iniciativa de los Estados Unidos se unan, en clave de cooperación multilateral al desarrollo de acciones en la zona, la OTAN y la Unión Europea.

Todo esto no puede ser una aventura militar, tiene que ser una apuesta sincera y a largo plazo que debe ser completada con una ayuda eficaz en cuanto a la planificación de acciones sociales y culturales en la zona, que incluya información respecto a la realidad que conforma Al Qaeda. Es claro que en esa labor debe integrarse a los colectivos islámicos que rechazan desde su fe las acciones terroristas.

Ni qué decir tiene que el desarrollo de una acción integrada como la que acabo de describir requeriría, paralelamente, de la construcción sobre el teatro de operaciones de una 'comunidad de inteligencia' no fraccionada, sino integrada. El tráfico de inteligencia no puede desarrollarse mediante 'centros de fusión', sino como una comunidad de inteligencia integral. Esta no solo serviría para operar en la zona, sino que, además, suministraría información vital para los análisis de inteligencia fuera de ese teatro de operaciones, tanto en los países de la zona más próxima como para el resto de aliados.

Es básico, pues, como señala Amparo Tortosa en la edición española de *Foreign Policy*, que «el combate contra Al Qaeda no se libra solo en el campo de batalla tradicional, también en el terreno de las ideas, la educación, el fomento de la democracia, los derechos humanos y el sector productivo. Las potencias occidentales, así como las organizaciones internacionales, deberían unir sus voluntades para poder responder con las capacidades y recursos que un problema de tales dimensiones demanda».

Ni la Unión Europea ni Estados Unidos, pero sobre todo, los países del Magreb, deben permitir que ciertos intereses se desenvuelvan en la zona poniendo en riesgo su seguridad.

Mirar a la conflictiva zona del Sáhel no puede distraernos de qué potencias están jugando a la contra, a veces desde miles de kilómetros de distancia.

2.11. Extraños compañeros de cama: Irán y Venezuela

Objetivo: desestabilizar Marruecos por la vía religiosa y por fomentar la tensión apoyando al Polisario.

Debe seguirse muy cerca lo que ocurre en las relaciones entre dos países lejanos como son Venezuela e Irán que, sutilmente, están situándose en la zona. Mientras Venezuela apoya abiertamente, incluso con financiación, al Frente Polisario contra Marruecos; elementos iraníes cooperan con Al Qaeda en el Magreb, que ha sabido descubrir la porosidad del Frente Polisario y paga bien los servicios de elementos de sus filas para la ejecución de sus acciones.

La degradación de las relaciones entre Marruecos, Venezuela e Irán es fácil de explicar:

Por un lado, Irán quiere atacar la religiosidad marroquí basada en el rito malakita-sunita, que se conforma —sin lugar a dudas— como el elemento nuclear de la cohesión religiosa de Marruecos. Es una formulación islámica tolerante que choca frontalmente con el ideal islámico de Teherán desde donde se hace todo lo posible y más por apoyar la desestructuración social, cultural y religiosa de Marruecos y de otros países islámicos. Además, en Marruecos encuentra apoyos, más o menos abiertos, independientemente de sus coincidencias con movimientos fundamentalistas, como Justicia y Espiritualidad, una secta liderada por el 'gurú' Abadessalam Yassine, que aspira a derrocar la monarquía alauita para crear en Marruecos una república islámica de corte iraní, bajo la ley de la Sharía; así como recuperar el califato global, algo a lo que se han entregado en el exterior, especialmente en España, y sus seguidores.

Siendo el objetivo común del Frente Polisario y del Movimiento Justicia y Espiritualidad la desestructuración de Marruecos, y no siendo este el tema principal de este libro, creo que merece la pena que hagamos un repaso sobre la actualidad de la secta liderada por Yassine. ¿Son terroristas? Pues, aunque se 'venden' con una imagen pacifista, lo cierto es que sus miembros han protagonizado ataques como el ejecutado en Mequinez por dos yihadistas que pretendieron volar por los aires un autobús de turistas, aunque no lo lograron, en el que resultaron heridos ellos mismos.

Uno de los detenidos, identificado como Icham Doukali, era miembro de Justicia y Espiritualidad. Una docena de miembros de este movimiento acaban de salir de las prisiones marroquíes después de cumplir una pena de dieciocho años de cárcel por el asesinato de un universitario que se negó a seguir sus directrices. En el caso del atentado fallido de Mequinez, el segundo terrorista fue identificado como Hassan Azugar. Recientemente, Doukali fue condenado a cadena perpetua y Azugar a ocho años de prisión como colaborador.

La secta fundamentalista quiere implantar, incluso prescindiendo de la voluntad de los marroquíes, una sociedad bajo su particular interpretación de la Ley Islámica o Sharía, entendiendo que todo el que la siga ha de ser un buen musulmán. Estiman que solo así se pueden cumplir con los cinco pilares sagrados del Islam: ayuno, profesión de fe, oración, limosna y peregrinación a La Meca; como si esto no lo cumplieran millones de marroquíes sin necesidad de pasar por el aro que quiere imponer el movimiento de Yassine.

Justicia y Espiritualidad, fuera de Marruecos, a base de denuncias periodísticas constantes, está situada ya en el punto de mira de los servicios de inteligencia y de las fuerzas policiales en España; pero sobre todo en países como Italia, donde no se ha dudado en ejecutar una redada masiva en locales dirigidos por secuaces de este movimiento que, en el caso de España, tienen su expresión más importante en asociaciones ubicadas en Madrid, el Levante español y especialmente en Murcia, donde controlan numerosas mezquitas y la Federación Islámica de la Región de Murcia. Desde este lugar, intentaron hacerse con la presidencia de la Federación Española de Entidades Religiosas Islámicas, una de las autorizadas a negociar con el gobierno español los asuntos que afectan a los musulmanes; pero, merced a un buen trabajo periodístico, los planes fueron descubiertos y quedaron desbaratados.

Pero volvamos al Frente Polisario y cómo intervienen dos países, bien diferentes, en la desestructuración de Marruecos o, al menos, en intentarlo, como son Venezuela e Irán.

Para llevar a cabo sus planes en el ámbito religioso interno de Marruecos, Teherán ha encontrado en el régimen de la República Bolivariana de Venezuela un aliado —y es que la política y la religión pueden hacer extraños compañeros de cama. Venezuela, dentro de su esquizofrénica dinámica revolucionaria, ha apostado con Irán en atacar los intereses marroquíes para lograr frenar su desarrollo. En estos momentos, Marruecos lidera el crecimiento de todo el norte de África, en lo que se denomina ya el milagro económico de Mohamed VI. Y ese ataque se quiere materializar apoyando y financiando al Frente Polisario por parte de Venezuela, y los movimientos involucionistas y salafistas violentos dentro de Marruecos, por parte del régimen de Teherán. Basta recordar que Hugo Chávez es el primer jefe de Estado que ha visitado los campamentos de Tinduf.

Si —como consecuencia de los embates que países como los dos citados dirigen, en este caso contra Marruecos— tuvieran un mínimo éxito, el crítico equilibrio en la zona degeneraría en un conflicto de consecuencias impredecibles para el Magreb y para la Unión Europea, empezando por España. Por eso cualquier analista no puede entender la tibieza mediocre de nuestro país y de otros de la UE en cuanto a la resolución del conflicto del Sáhara Occidental. Esta tibieza podría ser que la acabaran pagando los ciudadanos de a pie, incluso los mismos que se desgañitan —cada vez con menos fuerza— defendiendo una causa, la del Polisario, que requiere hoy una mirada prioritaria desde la perspectiva de la seguridad.

El simple hecho de que un país como Venezuela, dirigido por un individuo como Hugo Chávez, sea uno de los mejores apoyos para el Frente Polisario, en buena medida inducido por los intereses que comparte con Irán, ha de darnos la medida de lo que todos nos jugamos en el conflicto del Sáhara Occidental. El Frente Polisario no es una 'china en el zapato' de los marroquíes, es una 'china en los zapatos' de Occidente.

En definitiva, hemos de asumir como propios los desafíos que al día de hoy tiene Marruecos por nuestra inmediata vecindad y porque Marruecos disfruta ya de un estatuto de relaciones preferentes con la Unión Europea. Esta misma idea es extrapolable al conjunto de los países del Magreb, pues con el futuro que se va dibujando en Irak hemos de tener en mente que el extremismo yihadista puede intentar buscar un nuevo foco de conflicto multinacional en un espacio que es extremadamente cómodo, como es el Sáhel.

2.12. Hora de que España y el conjunto de la UE, junto a Estados Unidos, adopten una decisión

España es reconocida por la Comunidad Internacional, quizá con demasiada frecuencia de forma sobrevalorada, como un Estado que reúne unas más que razonables condiciones de posibilidad para operar en el escenario actual del norte de África, concretamente con todo el Magreb y en particular con Marruecos, pese a los 'rifi rafes' —digamos menores— que periódicamente aparecen en la relación bilateral entre los dos reinos. Observar la existencia de tales condiciones de posibilidad, que deben ser reconocidas como privilegiadas, no puede llevarnos a un optimismo irracional. Pero estamos en una buena situación para poder operar en la zona como un actor importante.

Antes de abordar las cuestiones centrales de este análisis, desde la perspectiva española, merece la pena, en relación con Marruecos y con el norte de África en general, que nos fijemos en ese conflicto latente desde hace más de una treintena de años del Sáhara Occidental y, respecto al cual tanto España como Estados Unidos, e incluso Francia y el conjunto de la Unión Europea han adoptado posiciones erráticas durante demasiado tiempo; si bien observamos, lo digo son cierta satisfacción, que potencias como Francia y Estados Unidos tengan claro hoy en día que la mejor solución es la que ha puesto sobre la mesa el Reino de Marruecos: el Plan de Autonomía o Regionalización.

El conflicto del Reino de Marruecos con el menguado y cada vez menos creíble Frente Polisario debe ser abordado sin pérdida de tiempo por los actores internacionales que se han vinculado a la solución del conflicto de alguna manera, con una cierta mirada fría.

España debiera ser una de las primeras potencias en poner de manifiesto una posición clara, rotunda y definitiva sobre la cuestión que, desde nuestro punto de vista, pasa por la aceptación del Plan que propone el Reino de Marruecos, y que analistas internacionales ven como la mejor salida a la situación; y más cuando el Polisario, en los campamentos de Tinduf, está sufriendo una auténtica sangría de saharauis que regresan a Marruecos, pese a que tienen que enfrentarse a ciertos elementos y grupos internos de la RASD que los someten a persecución y vejaciones.

Lo cierto es que hasta fundadores del Polisario ya han advertido que su causa pasa por normalizar las relaciones con Marruecos, integrarse en su Estado y asumir las cotas de autogobierno que el estado marroquí está dispuesto a ceder mediante el bien valorado, a nivel internacional, y ya citado aquí, Plan de Autonomía.

Una posición clara al respecto no es adoptada por los gobiernos españoles, ni los que han estado en manos del PP ni los del PSOE, por un rancio sentimiento de pertenencia a aquellos saharauis del año 75 que quedaron a su suerte después de que España abandonara la zona.

La mala conciencia y una nostalgia rancia y obsoleta promueve que colectivos sociales, no excesivamente numerosos, estén prestos a plantear movilizaciones en contra de cualquier apoyo español a Marruecos en el conflicto saharaui; pero tales posiciones ideológicas no están fundamentadas desde el conocimiento de la realidad. Hoy tenemos el deber de observar en la región, en todo el Sáhel y más concretamente en la zona que pretenden los saharauis.

Veamos: Después de treinta años del citado conflicto, el conocimiento general que la sociedad española tiene sobre el área del Sáhara Occidental prácticamente está limitada a lo que se conoce de las actividades de los amigos del pueblo saharaui; pero la cuestión del Sáhara, hoy, ¿podemos verla desde la perspectiva de lo ocurrido hace treinta años? Es evidente que no; si lo hiciéramos, estaríamos incurriendo en una grave irresponsabilidad.

Mediadores internacionales y hasta enviados de Naciones Unidas están haciendo un llamamiento a observar la realidad-real sobre la cuestión del Sáhara Occidental, máxime después de la disposición del Reino de Marruecos para el establecimiento de un estatuto de autonomía de la región —homologable a los modelos españoles.

Despreciar —desde posiciones obsoletas y alejadas de la realidad actual— una iniciativa así aboca a una extensión temporal del conflicto en el que ni tan siquiera el Consejo de Seguridad de Naciones Unidas estaría dispuesto a intervenir. La reconciliación de posturas pasa por el plan de autonomía, ya lo han dicho incluso hasta fundadores del propio Frente Polisario.

Geoestratégicamente, es de un desconocimiento irresponsable seguir manteniendo posturas cerradas en torno a este conflicto, cuya solución, desde luego, no pasa por acciones individuales como la que ejecutó tiempo atrás Aminaitou Haidar en el aeropuerto de Lanzarote, con el apoyo de algún grupo de actores y otros sectores muy minoritarios; pues creando esas situaciones de tensión, no se moverán posturas. Es más, se enconarán.

Por duro y políticamente incorrecto que pueda sonar, Aminaitu Haidar, que cobraba sus nóminas del estado marroquí en esos momentos, debió ser devuelta a Marruecos, como marroquí. No se puede someter a España a decidir sobre la nacionalidad de una persona que viaja con un pasaporte del Reino de Marruecos y que tan solo desarrolló la huelga de hambre para llamar la atención sobre el conflicto en un momento en que, realmente, el Frente Polisario ya no es tenido en cuenta, de verdad, por ninguna potencia; más allá de las estrategias orientadas a frenar cualquier intento de vuelta a las armas, lo que no sería más que un ejercicio suicida del Polisario con su propia gente, por más que hayan recibido algunos materiales bélicos de pequeño y mediano porte en los últimos meses, ante algunos llamamientos a la guerra, que no son aceptados, ni tan siquiera por los saharauis que viven en primera persona las consecuencias de este conflicto estancado. Además, no lo olvidemos, la vuelta a las armas por parte del Polisario tiene que ser autorizada expresamente por Argelia, y el país que preside Bouteflika no puede manejarse de cualquier forma. Su apuesta debe ser la resolución pacífica del conflicto.

2.13. Apoyar la autodeterminación que reivindica el Frente Polisario es apoyar la creación de un estado fallido, un coladero para el terrorismo internacional

El Sáhara —olvidemos por un momento límites geográficos que en realidad existen más en el imaginario que sobre el terreno— es una zona especialmente conflictiva y potencialmente peligrosa para los países de la zona y para Europa, como acabamos de describir en los diferentes puntos anteriores.

No podemos abocar a una zona como el Sáhara Occidental a convertirse en un estado fallido, que es lo que ocurriría en muy poco tiempo en caso de producirse la autodeterminación; esta abriría las puertas de una región, difícilmente controlable, a manifestaciones terroristas o delictivas de carácter internacional, como el tráfico de armas o el de drogas a gran escala, y más, como ya he explicado, dominando esa zona del Sáhel, Al Qaeda en el Magreb Islámico.

Solo el Plan de Autonomía aporta seguridad en cuanto al desarrollo económico y social de sus habitantes, así como para alcanzar un nivel de autogobierno, y a la seguridad de que la zona no se convierta en poco tiempo en un estado fallido, en una zona tan absolutamente sensible para países como Argelia, Marruecos y España y, por ende, Europa.

Como ya ha quedado descrito, amplias áreas del Sáhara y el Sáhel son el territorio operativo de grupos islamistas armados, como Al Qaeda en el Magreb Islámico (AQMI), grupo del que es razonable sospechar dos cuestiones: que recibe inyecciones económicas procedentes de sus acciones terroristas, así como desde otros países más lejanos, y que pretende, antes o después, dar el salto para cometer atentados en Marruecos, España y Francia. El AQMI es descrito por diferentes analistas como un movimiento desesperado y empobrecido; sí, pero potencialmente más peligroso.

El lector se preguntará qué tiene que ver el conflicto del Sáhara con todo esto; los invito a que acudan a internet y observen los movimientos y acciones a lo largo y ancho del Sáhel de Al Qaeda. Es el Sáhara, todo el Sáhara, lo que emplearán para establecer su 'batalla' con el fin someter la zona (el Magreb) con la ilusoria y descerebrada idea de recuperar 'Al Andalus', entre otros objetivos, antes de lograr su ansiado 'califato global'.

Solo faltaría que el Frente Polisario alcanzara en la zona su autodeterminación como Estado, para que Al Qaeda, como ha hecho en otros estados fallidos y dominados por el delito, como ocurrió en Afganistán, pudiera encontrar un paraíso para la planificación y ejecución de sus acciones y, hoy por hoy, es lo que está sucediendo.

Al Qaeda en el Magreb Islámico (AQMI) es un grupo que aun con dificultades económicas no ha dudado en desplegar una extraordinaria violencia en sus atentados, como ya he explicado.

Y nos encontramos con que, pese al despliegue de operativos militares de élite, con unidades especializadas norteamericanas y de países de la zona, no logran controlar algunos movimientos que son muy importantes, como los protagonizados por los que han abandonado la zona, sin ser descubiertos, viajando a escenarios como Afganistán, Irak o Pakistán; tampoco han evitado que se hayan sumado a la franquicia terrorista elementos procedentes de aquellos países, como desde Argelia, Libia, el propio Frente Polisario y Marruecos. De este último país, han dado el salto a la Yihad más violenta radicales islamistas procedentes de grupos como el Tabligh y el referido Justicia y Espiritualidad, así como de variantes radicalizadas de este movimiento liderado por el viejo Abdessalam Yassine. Todos estos elementos están atravesados por una etiología común, la de los Hermanos Musulmanes, que también está presente, de forma más o menos disfrazada, en comunidades islámicas en España, muchas de ellas vinculadas a la UCIDE que preside el sirio Riay Tatary, que en los últimos tiempos está realizando extrañas maniobras con los más radicales islamistas españoles que han intentado hacerse con la Federación de Entidades Religiosas Islámicas (FEERI), o para relacionarse con lo más radical de las ciudades autónomas de Ceuta y Melilla, donde el islamismo radical está realizando un juego harto peligroso y que de triunfar supondrá mayores problemas entre Marruecos y España, y si no, tiempo al tiempo.

Siguiendo a Javier Jordán (Doctor y profesor del Departamento de Ciencia Política de la Universidad de Granada, experto en Servicios de Inteligencia y Criminalidad y Seguridad Pública, ponente en el CNI, Policía Nacional, Guardia Civil y de las tres academias militares, etc.), en su exposición sobre los procesos que han debilitado a Al Qaeda en el Magreb Islámico, «hacen temer —decía— una revitalización del grupo», es decir, su posible relanzamiento, y no podemos perder de vista la violencia y las técnicas de este grupo.

Se trata de una organización terrorista que utiliza, entre sus imagotipos, algunos que citan el término Al Andalus de una forma que no deja lugar a dudas sobre sus intenciones amenazadoras contra nuestro país. Basta ver algunos de sus vídeos para comprobarlo.

España debe reconocer expresamente el plan propuesto por el Reino de Marruecos y más teniendo en cuenta lo que va a suceder o puede suceder en los próximos años, tras la plena instalación del Africom.

El Sáhara, hoy, debe ser visto desde nuevas perspectivas y no debe caerse en ingenuidades ni viejas nostalgias que tan solo pueden conducirnos a una idiocia colectiva y peligrosa, muy peligrosa.

Marruecos es una frontera que entre todos deberíamos convertir en infranqueable para ciertos movimientos del terrorismo internacional y para ello hace falta dejar atrás un 'buenismo' idiota que se entrega a tratar con un grupo que ni siquiera representa democráticamente a los saharauis, auténticas víctimas, desde el inicio del conflicto, del propio Polisario y de sus creadores argelinos.

INTELIGENCIA Y SEGURIDAD INTERNACIONAL Y EL CONFLICTO CON EL FRENTE POLISARIO

PARTE II

1. Algunas nociones de inteligencia y seguridad internacional en relación con el conflicto y su zona de influencia

Los Estados Unidos, definitivamente, eligieron la costa atlántica marroquí como el mejor lugar, estratégicamente hablando, para desarrollar las inversiones necesarias con las que construir lo que se denomina Mando de África (*Africa Command*). Previamente, Liberia y algún que otro país se había ofrecido para albergar la base militar, que ocupa una superficie superior a las mil hectáreas y que contará, además, con instalaciones aeroportuarias, unas cercanas en la costa para la construcción de un puerto dedicado a los suministros.

El objetivo de este Africom, que dio sus primeros pasos en Europa, antes de que comenzara su instalación física en el continente africano, no es solo el control militar de África. Los críticos apocalípticos de extrema izquierda ya han lanzado una serie de teorías conspirativas, en el sentido de que el imperialismo norteamericano lo que busca es hacerse con el control de las explotaciones petrolíferas y minerales de interés para su economía, y quitar y poner gobiernos acordes a las políticas de las administraciones norteamericanas. No seré yo el que diga que todo eso no pueda ocurrir consecuencialmente, pero lo cierto y verdad es que el Africom se va a convertir en un elemento FUNDAMENTAL para la estabilización de conflictos en el continente y para la persecución y control del terrorismo yihadista que, ya es importante, pero que va a crecer, —según los análisis de inteligencia— conforme las fuerzas multinacionales, y especialmente las británicas y las norteamericanas, salgan de Irak, donde Al Qaeda va a hacerse fuerte, algo que nunca logró cuando dirigía el país el dictador Saddam Hussein.

La base americana va a estar ubicada en una zona cercana a lo que fue el Sáhara español y a pocas millas náuticas de las Islas Canarias.

La decisión de la ubicación ha sido adoptada después de pasar diferentes órganos políticos consultivos y decisorios en los Estados Unidos; así, un Comité de Investigación del Congreso designó Marruecos como el país más fiable de África para acoger el *Africa Command*. ¿Qué elementos pesaron para esta decisión? Sin duda la relación leal y preferente, especialmente en materia de seguridad, que el Reino Alauita mantiene con los Estados Unidos y la estabilidad interna marroquí.

Podemos decir que el Africom, aunque esté en pleno proceso de ejecución de inversiones, se encuentra operativo y desde ahí se va a ejercer una acción militar sobre el conjunto del continente con los límites impuestos por el Cetcom en Egipto y Madagascar, que está vinculado a otro centro de mando norteamericano, concretamente, al del Pacífico.

Mientras que España, al menos aparentemente y de cara a la galería, nada ha dicho al respecto; Francia, potencia hegemónica en la región hasta ahora, no ha visto con buenos ojos esta expansión militar estadounidense, sin que esto haya llevado a situaciones de enfrentamiento.

En el fondo, Europa, una vez más, tiene que reconocer que no actúa en materia de seguridad como un todo único y, en este caso, los países miembros deben reconocer su lentitud a la hora de responder a los nuevos retos. Especialmente Francia y España debieran de haber liderado un eje dentro de la Unión Europea para o bien haber desarrollado un proyecto así, y más en un tiempo en que se han asentado las bases de las nuevas relaciones preferentes de Marruecos con la Unión Europea, o plantear como aliados desarrollar conjuntamente los planes de Estados Unidos; pero como siempre Europa se ha dedicado a observar, llegará tarde a todo.

Las tropas americanas llegadas hasta Marruecos con motivo del Africom son, hasta el momento, bastante reducidas, pues los americanos, concretamente miembros de la Agencia Exterior del Pentágono y de la propia CIA, y son los que más trabajo de campo están haciendo y han comenzado a desarrollar su labor, de manera bastante intensa con la Comunidad de Inteligencia Marroquí y la DGED, organismos que están abasteciéndose y formándose en el manejo de tecnología avanzada de las comunicaciones.

Conviene señalar y repasar históricamente cómo Estados Unidos y Marruecos se han prestado mutuo apoyo para las actividades del Ejército y de la Inteligencia norteamericana en suelo africano, especialmente desde la Segunda Guerra Mundial.

Ya en la década de los cuarenta, en el siglo pasado, los Estados Unidos dispusieron de mandos de diferentes niveles en África; si bien, algunas de las decisiones en la Región eran tomadas desde Europa. Tras la Guerra Fría, podemos señalar como primeras políticas con el objetivo en África: la NSR 23US que fue destinada a la región del Magreb y la NSR30/NSD 75 para el resto de África. Tales políticas no perseguían más que poder participar eficazmente en el establecimiento de soluciones a conflictos recurriendo a instrumentos multilaterales y mediante organizaciones regionales e internacionales con el fin de enfrentarse a los problemas de desgobierno, de estados fallidos, de falta de democracia; a situaciones de caos en el desarrollo social y económico y, por supuesto a problemas más tangibles —si se quiere utilizar tal expresión—, como el tráfico de armas, el de drogas, y empezar a frenar los apoyos que desde África se comenzaban a prestar a subversiones como las producidas en Irán, Irak o Libia, el terrorismo y el potencial peligro de la fabricación en espacios poco controlados de armas de destrucción masiva.

Pero la amenaza creciente del terrorismo hizo que las diferentes administraciones norteamericanas pusieran su punto de mira en estas zonas de África de manera más intensa a mediados de los años noventa.

Fuentes cercanas al gobierno marroquí han confirmado que en la actualidad y en los últimos tiempos se han producido varios encuentros entre la Agencia de Inteligencia del Pentágono, la CIA y los servicios secretos y de inteligencia tanto exterior como militares de las Fuerzas Armadas de Marruecos y no solo para el estudio minucioso de la zona de instalación concreta de la base americana, en las inmediaciones de la salida del río Draa, y las medidas de seguridad técnicas y humanas que habrá que desplegar en la zona de Tan Tan.

Se trabaja ya en cuestiones como inteligencia de señales radioeléctricas y comunicaciones, materia que va a reforzar el trabajo que la NSA estadounidense realiza desde sus estaciones de escucha en el país marroquí, bien sea en la zona de Tánger como en la base Ben Guerrir destinada al trabajo con satélites y que no se descarta como teatro de operaciones para misiones incluso espaciales, como lugar para el lanzamiento de lanzaderas de la NASA (información extraída de *Mundo Árabe*. Artículo de Pedro Canales).

2. Paralelismo español

En principio, tras los trabajos de preparación y análisis realizados por el Mando Militar encargado del Africom, durante su estancia en Sttugar, lugar donde se llevaron a cabo todos los trabajos previos, se prevé una inversión no superior a los setenta mil millones de dólares. Esta base militar estadounidense en Marruecos se ha dispuesto seguir el modelo ya desarrollado en España como base de utilización conjunta.

En el conocimiento de la zona, ha jugado un papel importante las maniobras y misiones conjuntas realizadas por parte de la OTAN. Pero ¿cuál es el interés estratégico de esta nueva macroinstalación norteamericana?

Si acudimos a fuentes críticas respecto del expansionismo militar americano, nos vamos a encontrar con la tradicional retahíla argumental de llegar a alcanzar suministros de materias primas, en operaciones de expolio, para las que no descartarán utilizar misiones de inteligencia con el fin de desestabilizar determinadas regiones y países.

Señalábamos antes que el ejército estadounidense dispone de información de la zona, en buena medida por las misiones OTAN realizadas en el lugar, así como las ejecutadas con países de la región, fronterizos con el Sáhel dentro de la Iniciativa Antiterrorista Transahariana o iniciativa Pan Sáhel, ejecutadas en la zona desértica perteneciente a Mauritania y la más peligrosa integrada por el triangulo conformado por Argelia, Mauritania y Malí, zona donde Al Qaeda en el Magreb, como se ha descrito, se mueve, incluso con protección de los habitantes de algunas aldeas y la colaboración de miembros del Frente Polisario. Si nos aproximamos al Sáhel más occidental, el grupo terrorista, con dinero y la fuerza de las armas, está obligando a colaborar a su favor a pequeñas comunidades.

En otro orden de cosas, es evidente que la instalación de la base conjunta en Marruecos podría ser un elemento muy útil para la misión, que capitanea Europa, contra la piratería marítima más al Sur. Además de éstos, otros intereses dignos de protección son las redes de distribución de gas, los pozos petrolíferos del golfo de Guinea y Nigeria, etc.

3. Europa, bajo el marco de la OTAN o de Naciones Unidas, debiera participar más activamente en el Africom

Es evidente que la misión del Africom es una misión militar. Solo con la administración Obama será posible que el Africom pudiera admitir la plena integración de fuerzas europeas, no solo militares, sino también aquellas destinadas a la obtención de información, análisis e inteligencia; pero ojo, habrá visto, el amable lector, que digo integración. No puede ser que tales labores se desarrollen como viene haciéndose en otras misiones militares conjuntas, que ya han servido como experiencia de lo que no debe hacerse, por más que todos los participantes en tales misiones miren de cara a la galería, defendiendo el modelo de inteligencia que se lleva a cabo en ellas. ¿A qué me estoy refiriendo?

4. Una inteligencia voluntaria y en centros de fusión

Veamos cómo se produce la participación de las diferentes fuerzas militares españolas en misiones conjuntas en cuanto a la inteligencia:

¿Podemos afirmar que las Fuerzas Armadas tienen un servicio de inteligencia propio? No, al menos en España no, y en los países del entorno, tampoco; lo que no quiere decir que no trabajen —en la planificación y ejecución de sus misiones— con inteligencia elaborada por el propio país y la que surge de los 'centros de fusión' que se activan durante estas misiones.

El objetivo final de una defensa europea ha de configurarse como un refuerzo de las relaciones trasatlánticas

Así pues, tomando el modelo español, hemos de decir que las Fuerzas Armadas no tiene sus propios servicios de inteligencia integrales, de hecho, como fuerzas militares no están integrados dentro de lo que podemos describir como comunidad de inteligencia. Las Fuerzas Armadas, aunque sí tienen actividades de inteligencia durante las misiones, en realidad se abastecen del Centro Nacional de Inteligencia.

Así nos encontramos con una realidad y es que nuestros ejércitos, cuando actúan en un escenario de operaciones determinado lo que hacen es demandar información-inteligencia al CNI con el fin de hacer un pronóstico adecuado de las capacidades de respuesta, así como de las actividades y medios de los que dispone el contrario, con el fin de que se cumpla el principio de que a mayor información e inteligencia elaborada sobre el contrario, se incrementan las posibilidades de éxito de las misiones, pues estas, en buena medida se van a planificar gracias a esa información, al análisis y a la inteligencia que se facilita.

La demanda no siempre recibe una respuesta plenamente satisfactoria, digamos al cien por cien, pues antes de la elaboración de inteligencia hay que hacer una valoración de credibilidad de la información.

Citando al contralmirante Calderón (España): «Saber mucho y no contárselo a nadie no sirve para nada. La información debe ser suficiente, elaborada, exacta y en el tiempo oportuno».

La directiva de Defensa Nacional 1/2004 es la primera que habla directamente sobre la inteligencia en relación con la Defensa y nuestros Ejércitos: «se reestructura el Estado Mayor de la Defensa mediante, entre otras acciones, la unificación de los servicios de inteligencia militares en el Centro de Inteligencia de las Fuerzas Armadas, así como la coordinación de su actuación con el Centro Nacional de Inteligencia». Realmente es el CNI quien acoge ejecutivamente lo que denominamos Comunidad de Inteligencia, es el centro neurálgico. Esta directiva se tradujo en un Real

Decreto, el 1551/2004 y en la Orden de Defensa 1076/2005 con lo que se desarrolla la estructura de inteligencia. Veamos algunos aspectos:

«El Centro de Inteligencia de las Fuerzas Armadas.

1. Es el órgano responsable de facilitar al Ministro de Defensa, a través del JEMAD, y a las autoridades militares, la inteligencia militar precisa para alertar sobre situaciones de interés militar con riesgo potencial de crisis, procedentes del exterior y prestar el apoyo necesario, en su ámbito, a las operaciones.

2. Tendrá carácter conjunto, será único en materia de información e inteligencia militar en los niveles estratégico y operacional, y dirigirá la explotación de los sistemas conjuntos y específicos de inteligencia y guerra electrónica. A estos efectos, los órganos de inteligencia táctica de los Ejércitos y la Armada mantendrán una dependencia funcional con el CIFAS.

3. Proporcionará a los jefes de Estado Mayor de los Ejércitos y la Armada la inteligencia necesaria para el desarrollo de las actividades de preparación de la Fuerza y para el desarrollo de las misiones permanentes en tiempo de paz que tengan asignadas.

4. Formará parte de la Comunidad de Inteligencia y, en materia de inteligencia militar, tendrá carácter complementario del Centro Nacional de Inteligencia (CNI) quien supervisará el Plan Conjunto de Inteligencia Militar y dará las directrices que procedan a los efectos de coordinación y cooperación.

5. El Secretario de Estado Director del CNI como Autoridad Nacional de Inteligencia y Contrainteligencia in-

formará de las actividades del CIFAS a la Comisión Delegada del Gobierno para Asuntos de Inteligencia.

6. Se relacionará y colaborará con las estructuras de inteligencia de las organizaciones internacionales de Defensa de las que España forme parte y con las de los países aliados.

7. La estructura y funciones del CIFAS son las que recoge el Anexo que se inserta a continuación de la presente Orden que, por razón de la materia, queda clasificado.

8. El cargo de Director del CIFAS será desempeñado por un Oficial General perteneciente a los Ejércitos o la Armada».

Es fácil observar, pues, que la Inteligencia militar española ha terminado por integrarse bajo la coordinación y el mandato del Centro Nacional de Inteligencia. El CIFAS, digámoslo claro, forma parte de la Comunidad de Inteligencia, pero no de la Comisión delegada de Inteligencia.

Occidente entero se está enfrentando a un fenómeno de violencia global como es el terrorismo islamista, empleamos ejércitos y sus medios técnicos, materiales y humanos, pero no para la Guerra convencional, sino para un fenómeno bien distinto que se caracteriza por su ASIMETRÍA —característica fundamental del terrorismo. Se reconoce esta situación en la propia Directiva de Defensa 1/2008, continuación de la de 2004 en la que se pone de manifiesto esto que acabo de señalar: «la directiva de Defensa Nacional se debe enmarcar, pues, en una estrategia de Seguridad Nacional [...] que estará en consonancia con las estrategias adoptadas por las organizaciones internacionales a las que España pertenece. A los tradicionales riesgos y amenazas a la seguridad, que implicaban una respuesta casi exclusivamente militar, se han unido otros que, si bien no tienen la capacidad destructiva de la guerra convencional, dificultan y degradan el desarrollo social y económico de los países y regiones con consecuencias negativas tanto en el Plano Nacional como en el Internacional […] En este sentido, el terrorismo, el crimen organizado y la proliferación de armas de destrucción masiva CONSITITUYEN el conjunto de amenazas transnacionales más importantes para nuestra sociedad. Su hipotética combinación PRESENTA EL MAYOR POTENCIAL DE PELIGROSIDAD Y TENDRÍA CONSECUENCIAS DEVASTADORAS». ¿ESTÁ CLARO?

Occidente, también España, moviendo a los ejércitos como CONTRAAMENAZA de cara a enfrentarnos a UN RIESGO GLOBAL que, en cambio, se conforma como una amenaza de enfrentamiento asimétrico; de ahí que se ve preciso, sino un nuevo planteamiento, si ampliar conceptos en materia de cooperación, intercambio y manejo eficaz de información, criterios de análisis de inteligencia, inteligencia y ejecución de acciones consecuentes; de tal manera que organizativamente toda esta estructura tenga la consideración de política común europea; es más, en mi opinión debería conformarse como una política común trasatlántica y norteafricana.

Esto que digo puede parecer un planteamiento ideal pero alejado de la realidad; en cambio, hay una realidad peligrosa que puede atenazar a nuestras sociedades, el terrorismo global, y no caben más excusas para que los países de la Unión Europea, Estados Unidos y Marruecos junto con determinados países del Magreb no decidan conformar un organismo centralizado y centralizador de las labores de información, análisis e inteligencia, ciertamente más eficaz que otros organismos policiales internacionales como la Interpol, apoyándose, además, en la tecnología y en la fuerza de la amenaza de los ejércitos, que además, deben contar con elementos integrados en ese hipotético organismo.

Los recelos entre servicios se dan incluso a nivel local. No es difícil observar, aquí en España, acciones del CNI, Guardia Civil y Policía vigilando un mismo evento o a unas mismas personas sobre las que recaen sospechas de estar cercanas a planteamientos radicales. No digamos si estos recelos se elevan a los servicios de inteligencia de diferentes países.

Es mi ilusoria opinión de que el *Africa Command*, debiera dar paso a un esfuerzo combinado y soportado por los estados aliados, con la inclusión de Marruecos, para desarrollar sus objetivos; cuando hablo de integración no me estoy refiriendo solo a militares, sino a fuerzas de inteligencia, cuyos resultados van a beneficiar a la misión en África, y a la seguridad de Europa, Marruecos y Estados Unidos.

Ahora bien, no pueden servir los métodos empleados hasta ahora en misiones militares conjuntas donde cada inteligencia funciona por su cuenta y los militares solo se benefician de aquella información e inteligencia que cada país participante decide depositar en los llamados 'centros de fusión'. La inteligencia de países aliados, socios y vecinos exigen que haya una única estructura conjunta.

El *Africa Command* va a estar a pleno rendimiento en un momento muy crítico. Todo apunta a que se va a producir un regreso desde Afganistán e Irak de muyahidines que partieron para aquellos países de donde vienen más preparados para acciones terroristas. A los que regresen pueden sumarse movimientos que están ubicados en diferentes países del Magreb y que, aunque oficialmente no están apoyados por sus gobiernos, lo cierto es que encuentran financiación en países como Libia, en la propia zona o en países lejanos como Irán, por poner un ejemplo. Las informaciones, bastante bien contrastadas en Argelia, ponen de manifiesto que no estará lejos de que vuelva a sufrir atentados y que éstos se produzcan también en Marruecos como consecuencia de una rara mezcla de grupos fundamentalistas que ya se están dando cita a las puertas de Marruecos, incluso en las ciudades españolas de Ceuta y Melilla, con la connivencia de grupos españoles islamizados que lejos de ser reprimidos por las autoridades españolas, han sido acogidos y financiados, en esas ciudades y en el interior de la península, especialmente en Madrid, todo el Levante español, Cataluña y País Vasco y Andalucía.

Siguiendo informaciones del propio gobierno estadounidense, el Mando norteamericano para África, Africom, es una «aspiración que responde a los cambios estratégicos del fin de la Guerra Fría y a las nuevas prioridades en los intereses globales y regionales de Estados Unidos, en cuanto a estabilidad y buen gobierno, contraterrorismo y contrainsurgencia, y seguridad energética. Tiene como objetivos principales el combatir el terrorismo islamista y organizar operaciones de ayuda humanitaria».

Pues bien, atendiendo a las directivas de defensa españolas y de otros países de la UE debe tenerse presente, y también debe hacerlo Estados Unidos, que la OTAN no es ni más ni menos que el fundamento de la defensa colectiva de los países miembros y atendiendo a la estrategia de defensa española, establecida así en sus directivas «el objetivo final de una defensa europea ha de configurarse como un refuerzo de las relaciones trasatlánticas. En este contexto, España apoya una OTAN con adecuadas capacidades militares de actuación para encarar con eficacia los nuevos retos globales en el campo de la seguridad y defensa».

El Africom debiera transformarse en una iniciativa aliada, sustentada económicamente por el conjunto del tratado, bien de la Unión o de la OTAN, una vez más los europeos no pueden llegar tarde.

5. ¿Y qué tiene que ver todo esto que ver con el conflicto en el Sáhara Occidental?

Pues parece evidente que con lo que ya he referido, es necesario, vital, que desde la necesidad de defensa común haya una posición conjunta en este conflicto latente, pues permitir que se mantenga en el tiempo es ir dejando puertas abiertas a la desestabilización de la zona. Y, bajando al terreno más humano, resulta inconcebible que el Polisario mantenga el yugo sobre los saharauis, especialmente aquellos que viven en los campamentos de Tinduf en Argelia.

Así pues, poner definitivamente en su sitio al Frente Polisario, será el mejor paso para qe los saharauis puedan empezar a vivir en admisibles condiciones de libertad, seguridad, desarrollo social y económico, que es lo que ofrece el Plan de Autonomía, además, haciendo corresponsables de la gestión del territorio a los propios saharauis. Nunca en la historia de este lacerante conflicto se ha ofrecido una oportunidad tan generosa como esa. Que el Polisario y sus apoyos argelinos se opongan, sin contar con los saharauis, convierte, una vez más a lo largo de estos años al Frente Polisario y a Argelia en los peores enemigos de los saharauis, porque ellos no cuenta, son sometidos con displicencia a las decisiones de líderes, que ni siquiera viven la desgracia de los campamentos de confinamiento de Tinduf, donde durante más de treinta años se están violando los derechos humanos de decenas de miles de saharauis, que hoy quieren recuperar una vida digna.

En este sentido, la directora de la ONG británica Davis Warburg associates, Tanya Warburg, ha lamentado el desvío por los dirigentes del Polisario de la ayuda humanitaria destinada a los secuestrados de Tinduf, en Argelia.

«Las poblaciones saharauis están a merced de los dirigentes del Polisario que desvían a su beneficio las ayudas humanitarias», denunció Warbung en el programa semanal *Eye on Africa*, animado por Daniel Makokera y emitido por la cadena sudafricana de televisión *Africa Magic*.

Para Warburg, la persistencia de Argelia de no permitir al Alto Comisionado para los Refugiados (Acnur) proceder al censo de la población secuestrada en Tinduf es «una violación de los derechos de las personas secuestradas». «Argelia es responsable de esto», sentenció.

La cadena sudafricana *Africa Magic* emitió un programa especial sobre la historia del conflicto del Sáhara desde La Marcha Verde hasta la última proposición marroquí que consiste en otorgar una amplia autonomía a las provincias del sur.

Este reportaje de cuarenta y cinco minutos relata el historial del conflicto de la cuestión del Sáhara marroquí, con el apoyo de testimonios archivados y entrevistas con responsables marroquíes, así como de investigadores y ex responsables sudafricanos.

La primera parte de este programa, que arroja la luz sobre la promoción de la cultura de los derechos humanos en Marruecos, así como sobre el potencial económico del país y las oportunidades de negocios que ofrece el Reino, fue emitido el viernes pasado.

El Alto Comisionado de las Naciones Unidas para los refugiados (Acnur) expresó su "gran decepción" a raíz de la prohibición por el Polisario de acceso al aeropuerto de Tinduf a veinte beneficiarios marroquíes de la operación de intercambio de visitas familiares, indicó, el lunes, portavoz del Acnur, Andrej Mahecic.

En un comunicado, el portavoz del Acnur afirmó que la reanudación el viernes del «programa bloqueado de vuelos de visitas familiares por un vuelo entre Smara y Tinduf en Argelia, fue elaborada después de esfuerzos bien coordinados con todas las partes concernidas».

«Para nuestra gran decepción, a los veinte pasajeros del vuelo, los representantes del Frente de Polisario en Tinduf les impidieron desembarcar», precisó el Acnur, antes de señalar que «no tenía otra opción que llevar los pasajeros a Smara».

El Acnur indicó que «pedirá al frente Polisario aclarar los motivos de rechazo del desembarque» a los veinte marroquíes, y precisó que «el vuelo del viernes tenía como objetivo relanzar el programa y fue el resultado de intensas negociaciones, pero constructivas con Marruecos y el frente Polisario».

El Acnur señaló que los vuelos del programa de visitas familiares, lanzado en 2004, «son un elemento importante en el refuerzo de la confianza (…), esperando que el programa de refuerzo de la confianza será reanudado muy pronto».

Otro ejemplo vivo —de momento— de cómo actúan los polisarios con la ayuda de sus secuaces argelinos lo encontramos en lo que le están haciendo al que hasta hace bien poco era inspector general de la Policía del Polisario.

Mustapha Salma Ould Sidi Mouloud, inspector general de la policía del Polisario, viajó a Marruecos, a Laayun, a ver a su padre. Él pertenece a esa zona, pero lleva viviendo en los campamentos de confinamiento argelinos y polisarios de Tinduf desde los diez años.

Cuando estuvo en El Aaiun, explicó su punto de vista a los medios de comunicación respecto a la propuesta de Autonomía del Reino de Marruecos. Tuvimos la oportunidad de entrevistarle cuando estaba de camino a su campamento, a pocos días de su llegada y no podía simular su inquietud ante su futuro inmediato, pues estaba siendo amenazado por el Polisario, con bastante descaro pese a las peticiones internacionales de organizaciones por los derechos humanos, incluyendo las Naciones Unidas. Pero el Polisario ha apostado, junto a algunos de sus secuaces argelinos, de evitar por todos los medios que Mustafa Salma llegue a su casa, donde viven su mujer y sus hijos, a su campamento, donde viven sus amigos:

P.—¿Qué teme usted que pueda ocurrirle?

R.—Pues no lo sé. Estoy inquieto. Los líderes del Frente Polisario, tan solo por expresar mi opinión, me han dicho que yo ya no soy saharaui, soy marroquí. Es inadmisible que gente que ni siquiera es saharaui me diga a mí, saharaui auténtico, hijo de un jefe tribal, que ya no soy saharaui. Esta es la demostración de lo que has dicho en tus artículos: Los saharauis no contamos para nada, no les importamos ni a los líderes del Frente Polisario ni a Argelia, pues se dedican a buscar otros intereses que la paz y que podamos volver a nuestra tierra.

P.—¿Cree usted que puede ser detenido y hecho desaparecer?

R.—Para evitar eso necesito que los medios de comunicación, las organizaciones internacionales de derechos humanos, estén un poco atentos, porque ese tipo de detenciones, en el Frente Polisario, se producen sin ninguna garantía judicial.

P.—¿Qué opinan los saharauis que viven en los campamentos de la propuesta de autonomía?

R.—Ya se encargan los argelinos y el Polisario de que no sepan nada, nos mantienen aislados, saben que una propuesta así sería aceptada por la inmensa mayoría, que lo único que buscan, después de tantos años de miseria, es volver a nuestra tierra a vivir en paz y la propuesta de Marruecos es el mejor primer paso que podemos tener. Pero el Polisario procura que los saharauis sepan poco para poder actuar por su cuenta. Los de abajo no somos nada para ellos. La gran mayoría de los líderes ni siquiera viven en los campamentos, lo hacen en Argelia y Mauritania, se hacen ricos y se dedican a mantener todo esto porque, si los saharauis abandonan los campamentos, el Frente Polisario quedaría desautorizado y Argelia también.

P.—¿Qué pides en estos días de incertidumbre?

R.—Solo quiero llegar a mi casa, ver a mi mujer y a mis hijos; volver a mi vida y dar a conocer la propuesta de autonomía a los saharauis que, como yo, son miles, los que queremos volver a nuestra tierra.

En el viaje, Mustapha ha tenido que ir haciendo llamamientos la comunidad internacional a ser testigo sobre las amenazas en su contra por los dirigentes del Polisario, tras haber expresado su apoyo al plan de autonomía de las provincias del sur.

«Cuento con el apoyo de la comunidad internacional y con los espíritus amantes de justicia para apoyarme contra las amenazas y denunciar los abusos y las exacciones que las milicias del Polisario hacen sufrir a las poblaciones en los campos de Tinduf», subrayó en una declaración por teléfono a la cadena de televisión Elmuhajer.com, con sede en Washington DC.

Mustapha Salma Ould Sidi Mouloud, que se encuentra en el norte de Mauritania en su camino de vuelta a los campos de Tinduf tras haber visitado la ciudad de Smara, llamó a poner fin a esta "opresión", afirmando que las poblaciones secuestradas en los campos tienen derecho a tener su propia vida y a deshacerse de los dictados de los dirigentes de los separatistas.

Preguntado sobre su periplo rumbo a los campos de Tinduf, aseguró que la desconfianza es necesaria, en la medida que los dirigentes del Polisario son «cada vez más febriles e imprevisibles» y en que las milicias de los separatistas «son maestras en el arte del rapto y de las desapariciones forzadas».

Declarando su «firme voluntad y su rechazo a dar la espalda a la arrogancia y la dictadura de la casta dirigente del Polisario», Ould Sidi Mouloud quiere hacer de su combate «un símbolo de resistencia al pensamiento único y a los abusos en dichos campos», donde quiere defender el plan marroquí de autonomía, «el único susceptible de liberar las poblaciones secuestradas», insistió.

En una precedente declaración a Elmuhajer.com, Ould Sidi Mouloud había sostenido que «la única solución realista e intermediaria a la cuestión del Sáhara es el plan marroquí de autonomía», agregando que «es por eso que deseamos promover un agenda que esté al servicio de los saharauis y en ningún caso al servicio de terceras partes».

El mismo insistió que «la comunidad internacional debe saber que el interés de los saharauis, y el de la región del Magreb en su conjunto, reside en una solución intermediaria que permita a las familias separadas reencontrarse favoreciendo, de paso, una integración económica y política de toda la región».

La intelectualidad marroquí, a veces poco movilizada, ante el caso de Mustapha ha hecho un llamamiento a sus homólogos españoles a solidarizarse con Mustapha Salma Ould Sidi Mouloud, que tomó la decisión de volver a los campos de Tinduf, para que pueda ejercer su derecho a "la libre expresión de sus opiniones, única garantía de un debate libre".

Los firmantes de este llamamiento, entre ellos pensadores, hombres de comunicación y defensores de los derechos humanos, expusieron a sus colegas españoles el caso de Mustapha Salma Ould Sidi Mouloud que fue secuestrado en 1979 en Smara por el Polisario en compañía de los miembros de su familia, y recordaron que «asumía un alto cargo en el seno del Polisario, puesto que era el inspector general de la policía del frente».

Igualmente, recordaron que Mustapha Salma Ould Sidi Mouloud visitó, tras treinta y un años de ausencia, a su padre y a su familia en el Sáhara, y agregaron que tras haber decidido volver al lado de su esposa y sus cuatro hijos en los campos de Tinduf, concedió, al cabo de esta visita, una conferencia de prensa, en la que expresó «su apoyo a la iniciativa marroquí de autonomía, como una proposición que merece una discusión seria, en vistas de una solución que tenga en cuenta los intereses de todas las partes».

Los mismos relataron que en su camino de vuelta, por vía terrestre, a los suyos en los campos de Tinduf, «ha sido informado por un emisario de los dirigentes del Polisario, que este último le impide de volver a los campos de Tinduf, donde está su domicilio y su familia que sufre de todos los actos de intimidación y amenazas de repatriación forzada».

A este efecto, las personalidades marroquíes incitaron a los actores de la sociedad civil, los periodistas, los intelectuales y los defensores de los derechos humanos en España a solidarizarse con Mustapha Salma Ould Sidi Mouloud, porque, afirmaron: «rechazamos firmemente que las consecuencias, tras expresar una opinión y tener derecho a la libre expresión, sean unas resoluciones destinadas a ofender a las personas y a sus familias, amenazándolas con encarcelamiento y acusándolas de traición».

Los firmantes subrayan disponer de «suficientes indicios de que está en peligro la vida de Mustapha Salma Ould Sidi Mouloud, y la de su familia y de todos aquellos que defienden la expresión libre dentro y fuera de los campos».

El llamamiento es firmado por Abdallah Hammoudi (antropólogo), Mohamed Larbi El Messari (periodista), Malika Malek (periodista), Mohammed Tozi (politólogo), Nabil Ayouch (cineasta), Mohammed El Ayadi (sociólogo), Mohammed Sabar (abogado, defensor de los derechos humanos) et Khadija Marouazi (universitaria, defensora de los derechos humanos).

En España, el looby pro Polisario vendió una manifestación ilegal en El Aaiun como una acción de la Policía Marroquí contra su derecho a manifestación, cuando se trataba de españoles que mintieron en su visado para ir a la zona, ya que dijeron que eran turistas. La manifestación fue disuelta y fueron embarcados en la primera nave que salió para Canarias.

Cuando un episodio de las mismas características, aunque con una mayor legitimación, se produce en Tinduf y los manifestantes son represaliados con dureza y detenidos arbitrariamente por manifestar su opinión, los propolisarios españoles callan, empezando por el actor Willy Toledo, quien pretende hacer, por lo visto de capitán garfio en una flotilla que pretende dirigirse hacia el Sáhara Occidental, sin pensar en las consecuencias, pues los marroquíes y saharauis pescadores que viven en El Aaiun están dispuestos a ser ellos los que eviten la llegada de esa flotilla.

Pero recientemente unos cincuenta y cuatro jóvenes de la tribu de Salam, una de las grandes tribus de Rguibat, fueron arrestados a raíz de violentos enfrentamientos con la gendarmería de Polisario en la localidad de Rabouni, en los alrededores de Tinduf.

A pesar de los violentos enfrentamientos, que duraron desde el sábado por la noche, los miembros de la tribu de

Salam lograron destruir un "puesto de seguridad" y hacer una manifestación en la cual participaron una centena de personas que «siempre han dejado en claro su rechazo a obedecer la dirección de Polisario que actúa bajo la tutela de los servicios de secretos argelinos», informa la cadena regional de televisión de Laayún en su telediario de la tarde.

«Los enfrentamientos estallaron después del arresto de uno de mis allegados por la gendarmería de Polisario que le transfirió más tarde a Rabouni», declaró a la cadena de televisión una de la víctimas de estos enfrentamientos, quien optó por mantener el anonimato.

«La gendarmería de Polisario ha usado la munición real y dieron palizas a los jeques y los notables de la tribu que intentaban resolver el problema, antes de arrestar un grupo de jóvenes de mi tribu», dijo.

«Tras estos acontecimientos, muchos jóvenes de esta tribu deciden seriamente regresar a la madre patria», indicó, señalando sin embargo que el bloqueo impuesto a los campos de Tinduf por la gendarmería de Polisario les impide realizar este deseo. En este sentido, instó a su familia y sus allegados en Marruecos para ayudar a estas personas con el fin de abandonar los campos y regresar al Reino.

Y por supuesto, en esta colección de muestras de cómo el Polisario y Argelia respetan los derechos humanos, no falta el ejemplo de cómo actúan con los periodistas que son críticos. Así, el Sindicato Nacional de la Prensa Marroquí (SNPM) llamó, el sábado, Argelia a liberar los dos periodistas marroquíes de Assahra Al Ousbouaia arrestados en Tinduf por los servicios de seguridad argelinos.

Los dos periodistas viajaron a Tinduf para asegurar la cubertura mediática de la vuelta a los campos de Mustapha

Salma Ould Sidi Mouloud, inspector general de la policía del Polisario.

El Sindicato Nacional de Periodistas Marroquíes llamó también en un comunicado las autoridades argelinas a permitir a los dos periodistas marroquíes cumplir con su trabajo sin ninguna restricción, y afirmó seguir con gran inquietud su arresto en un hotel en Tinduf.

El sindicato subrayó que los dos periodistas fueron sometidos durante más de tres horas a un interrogatorio en una de las comisarías del aeropuerto de Tinduf, y agregó que fueron ordenados a quedar desde las seis de la mañana en su hotel.

No es comprensible que a nivel de Estados o de Naciones Unidas, todavía hoy, pueda admitirse como actor en las negociaciones a un grupo antidemocrático, que viola los derechos humanos.

La ONU debe plantearse ampliar los márgenes de actuación de la Minurso para garantizar que todos los saharauis que lo deseen puedan volver a su tierra, máxime cuando se están confirmando los extremos más peligrosos de los atentados contra los derechos humanos, tales como la libertad de movimientos, la libertad de expresión, la libertad política y el derecho a estar informados para conformar una libre opinión sobre los acontecimientos que se están produciendo.

EL POLISARIO, UNA CREACIÓN DEL FLN ARGELINO

PARTE III

1. El Polisario, una falacia intelectual desde su creación

Muchas veces los periodistas, especialmente aquellos que llevan mucho tiempo escribiendo sobre un mismo tema incurren en errores profesionales, como dar por sentado que el lector sabe siempre los antecedentes de aquello de lo que escribes. Craso error. El periodismo exige una continuidad en la información y volver atrás, de vez en cuando, para evitar que el lector se pierda.

Este pequeño 'accidente' profesional podemos extrapolarlo a todo lo relacionado con el Sáhara Occidental y a la cuestión Saharaui en nuestro país, donde se produce un fenómeno, en la generalidad de los ciudadanos, que conviene describir, objetivarlo, para que pueda reconocerse: La afectividad y la memoria de muchos españoles, bien intencionados, se ha quedado 'anclada' en algo que ocurrió entre los años sesenta y mediados los 80 del pasado siglo.

El Polisario y el lobby de presión creado en España han sabido aprovecharse de una suerte de memoria colectiva en la que no caben matices, que tiene en la fraseología de su particular imaginario afirmaciones como: «abandonamos a su suerte a los saharauis y los traicionamos», hablaremos de eso más adelante.

Aun hoy, treinta y cinco años después, es fácil escuchar de forma sentida, casi visceral, expresiones de este tipo. Pero también es cierto que, cuando la cuestión se plantea en un diálogo de forma serena y razonable, rápidamente se acepta que en estos treinta y cinco años el mundo ha evolucionado de tal manera que es obligado volver a la cuestión del Sáhara, sin olvidar aquello que ocurrió en los años 70, pero teniendo presente lo ocurrido después. La actualidad, los problemas de hoy, es decir, lo que algunos filósofos llaman la 'REALIDAD REAL' y los políticos citan como *Real Politik* pone en evidencia, bien a las claras, que Marruecos no es el Marruecos de mediados del siglo XX, ni el Sáhara Occidental, el que fuera provincia española, tiene nada que ver con lo que fue. Que algunos vivan de esa memoria falsificada es de una mentecatez insultante.

El terrorismo y la seguridad internacional son fenómenos que hoy subyacen en toda esta cuestión, sin olvidar —evidentemente— la realidad de un Estado, el marroquí, que siente toda esa franja del Sáhara como propia de forma natural.

No parece que los españoles recordemos a aquel Frente Polisario que se cobró la vida de conciudadanos nuestros, atacando pescadores, trabajadores civiles y a soldados… de eso no parece querer acordarse nadie. El Polisario, revestido de no sé qué dignidades éticas, en mi opinión no dejó de ser más que un grupo terrorista, que como las FARC colombianas han sabido 'subsistir', con la inestimable ayuda de Argelia, para seguir hoy vendiendo el romanticismo de una falsa revolución, una revolución que hoy sigue imponiendo su ideología (única en la autoproclamada República Saharaui) y su propia ley (inspirada por Argelia) a un conjunto de población, su propia población, que más de treinta años después aspira a poder vivir dignamente, a dar una educación a sus hijos, a desarrollarse en un país como Marruecos que está demostrando una férrea decisión, un firme compromiso, con el desarrollo social, económico y cultural de sus habitantes.

¿Qué es el Frente Polisario?, en mi opinión, no cabe duda, como acabo de describir, es un grupo no democrático que dice representar a una autoproclamada República Democrática Saharaui en la que no se admiten partidos que lleven la contra a sus dirigentes, prácticamente los mismos durante treinta y cinco años, como en Cuba, por ejemplo; pobre de aquellos que manifiestan cualquier disconformidad pues, rápidamente, la supuesta República Democrática Saharaui les tratará de traidores solo porque piensan de forma diferente, los vejará, incluso los encerrará en una prisión y a veces, según los testimonios de saharauis, los hará desaparecer.

Trataremos de poner al descubierto los métodos del Polisario pues, la progresía más idiotizada de este país nuestro, se ha propuesto trasladarnos una idea bien diferente a la realidad. Pretenden 'vendernos' un Polisario como una maravilla democrática digna de ser imitada; claro está, si observamos que esos mismos 'progres' bien pagados, son los mismos que describen a la Venezuela de Hugo Chaves como la 'democracia perfecta' o a la Cuba de los Castro como 'paraíso de la libertad', hemos de concluir con una llamada de atención: Cuando —estos mismos— nos hablan del Sáhara y del Polisario, junto a personajes como Ameitu Haidar u otros, mienten, impostan; incluso mejor que en las mediocres películas que subvencionamos con nuestros dineros a algunos de estos señoritos.

2. Las mentiras y los engaños del Polisario a los saharauis y a los que les ayudan desde la buena voluntad

Tomo prestado aquí el texto publicado en su blog por el periodista Juan Poyatos (IBdigital) donde describe un viaje con una caravana solidaria hasta los Campamentos de Tindouf, donde —según los datos del propio Polisario— viven más de ciento sesenta mil personas, aunque los datos más reales indican que no la cifra no supera las cuarenta y cinco mil personas. El texto, la verdad, es que no tiene desperdicio:

«Una de las mayores decepciones que me he llevado en la vida, y me he llevado muchas, fue por el asunto de los campamentos de refugiados saharauis del sur de Argelia, que visité hace ya años como periodista. Hice el viaje a los campamentos ilusionado, como muchos, por la posibilidad de ayudar a los desterrados saharauis. Sin embargo, la cosa no fue como la había imaginado, ni mucho menos.

»Ya me extrañó desde un principio que en aquella larga caravana de vehículos, más de cien, lleváramos dos viejos autobuses de la EMT. Evidentemente, antes de llegar a los campamentos de refugiados, los dos autobuses se atascaron en la arena del desierto. Empujamos todos y, metro a metro, conseguimos hacer llevar los autobuses al centro del campamento principal. Era evidente que aquellos dos vehículos eran totalmente inútiles en el desierto, pero bueno, eso era lo que el Ayuntamiento de Palma había regalado a una asociación para que los entregara en los campamentos. Me explicaron que aquellos autobuses eran para llevar a los niños a la escuela. Yo miré extrañado a mí alrededor, donde todo era arena y los 4x4 ya las pasaban moradas. Me convencí entonces de que aquello no podía ser, los dos autobuses no podía circular por allí de ningún modo.

»Al día siguiente la organización nos llevó de visita "turística" por el gigantesco campamento, todos los niños nos hacían mucho caso, las mujeres cantaban a nuestro paso y la megafonía funcionaba a la perfección. Vimos las famosas jaimas, sus bailes típicos, degustamos su te y compartimos muchas de sus costumbres. Pero todo aquello me seguía pareciendo raro, demasiado organizado, como una obra de teatro repetida mil veces.

»Decidí "escaparme" la segunda noche de la férrea organización, liderada no solo por la gente del Polisario, sino también por los españoles de las muchas ONGs que por allí circulaban. Tras la puesta de sol, mientras casi todos dormían, me fui a caminar solo por entre las mieles de jaimas, hasta que casi me perdí. Desde una de aquellas tiendas me llamó entonces una voz casi callada y muy tímida, entré allí sin dudarlo y contacté así, casi sin darme cuenta, con la "oposición" al Frente Polisario, la férrea organización que dirige la vida en los campamentos. Unos tipos flacos, casi en los huesos, me explicaron en la penumbra de su jaima su versión del conflicto. Como me temía, su percepción era muy diferente de la de la "oficial". Me explicaron que los opositores al férreo régimen del Polisario eran "trasladados" a lo más profundo del desierto al llegar los periodistas extranjeros.

»También me explicaron muchas cosas más, que daría para un libro, pero lo peor vino cuando les pregunté qué harían con los dos autobuses que habíamos traído desde Mallorca hasta la mitad del desierto del Sáhara. Se miraron y me miraron como si yo fuera tonto. Su respuesta me dejó helado: "Los dos autobuses, como casi todo los vehículos que habéis traído, los cambiarán los del Polisario en Argelia o Mali por armas y munición". Mi cara se quedó blanca como los ojos de uno de aquellos hombres que estaba frente a mí. Cuando vieron que yo miraba fijamente a aquel hombre, que parecía no tener ojos, me dijeron con toda calma: "Son cataratas, las produce la arena del desierto, por eso aquí casi todo el mundo es ciego cuando llega a los cincuenta o sesenta años. Para evitarlo, los suecos nos regalaron 5000 gafas de piscina, pero los "líderes" las guardan en un almacén, por si llega otra vez la guerra y las han de necesitar nuestros soldados. Las gafas llevan ya en ese almacén quince años».

[1] Http://blogs.ibdigital.net/enfocando/las_mentiras_del_fren te_polisario.html

Del texto de Juan Poyatos, me gustaría llamar la atención sobre algunos aspectos que me parecen sustantivos.

Cuando las asociaciones de Amigos del Pueblo Saharaui, a las que no podemos restar ni un ápice de sus buenas intenciones y de compromiso social, mueven 'Roma con Santiago' para lograr que empresas como la EMT ceda autobuses, por ejemplo, ¿saben que el Frente Polisario los va a cambiar por armas y municiones? Cuando consiguen centenares de gafas de piscina para evitar las lesiones que la arena del desierto causa en quienes se ven obligados a vivir en él, especialmente niños y mayores… ¿saben que se guardan para, en caso de que renazca el conflicto armado, sirvan a los combatientes?, ¿conocen estos bien intencionados amigos de los saharauis que a las personas que se manifiestan de forma crítica con lo que está ocurriendo en los campamentos de Tinduf son enviados a mitad del desierto cuando llegan las caravanas solidarias?, ¿comparten esos principios antidemocráticos y la crueldad de sus consecuencias? Sinceramente, pienso que no.

Tengo la sensación de que algunos de estos personajes que en España viven de las subvenciones, algo saben de estas actitudes del Polisario, pero nadie las denuncia, porque se juegan futuras ayudas y seguir viviendo de las mismas. Y, además, es como si cualquier crítica fuera políticamente incorrecta y prefieren callar, aquellos que debieran hablar y tomar decisiones…es el miedo de los mediocres.

3. El Frente Polisario criticado por los saharauis dentro de los campamentos

Ojo, no soy yo el único que saca estas conclusiones. Basta acudir a páginas webs y blogs de saharauis propolisarios donde se denuncia cómo los 'jefes' de este grupo separatista viven a cuerpo de rey de tales subvenciones, se compran vehículos todo terreno y hasta casas en el extranjero; viajan y se hospedan en buenos hoteles y, así, durante más de treinta y cinco años, para no solo no conseguir nada, sino que han logrado que la causa saharaui vaya desapareciendo de la escena internacional, cuente con menos apoyos y, si para recuperar una cierta afección recurrieran a la vuelta a las armas, habría que acusarlos de verdaderos y absolutos criminales, pues son conscientes que el desequilibrio es tal, que no sería más que una guerra suicida que solo podrían ejecutar mediante la técnica de guerrillas, que en una zona como la que estamos hablando puede darle resultado en el corto plazo, pero que pueden llevar a la esquilmación de sus obligados seguidores. Una guerra se sabe cómo empieza, pero nunca cómo acabará.

Es cierto que el testimonio del periodista Juan Poyatos podría parecer insuficiente, pero no es el único, vayamos a otras denuncias, hechas públicas, por los propios saharauis:

Acudimos a un destacado exdirigente del Polisario que ha decidido denunciar estas tramas de corrupción, casi mafiosas, por parte de quienes dicen defender a los Saharauis y que, en realidad, conforman un grupo que sabe vivir bien a costa de ellos.

Fadel Ould Ali Salem fue nombrado "jefe de seguridad de la tercera zona militar" de la RASD, puesto que había ocupado hasta su retorno a Marruecos. Si escuchamos a este exlíder del Polisario, podemos comprobar que tras la supuesta ayuda humanitaria se encuentra una red de corrupción y algo más peligroso que él denuncia, una relación *soto voce* con Al Qaeda en el Magreb Islámico: «Gran parte de las ayudas humanitarias destinadas a los secuestrados en los campos de Tinduf es desviada para financiar las supuestas "zonas militares", Esto constituye —dice el exdirigente del Polisario— una violación de los objetivos en cuya base las organizaciones humanitarias envían sus ayudas», añadió durante una entrevista en Laayun.

Fadel Oul Ali Salem ha puesto al descubierto que «camiones cisterna, coches todo terreno así como contenedores y productos alimenticios diversos con las siglas de organizaciones humanitarias son desviados hacia zonas militares al servicio de las supuestas 'unidades militares'», agregó.

"Ahmed Felipe" afirmó igualmente que otra parte de esta ayuda humanitaria (harina, leche en polvo, arroz, aceite y carburante) es desviada por el pretendido "ministerio de comercio" hacia los mercados maliense y mauritano, bajo la supervisión de miembros de la dirección del POLISARIO.

Las declaraciones de Fateh Ahmed Ould Mohamed Fadel Ould Ali Salem, quien fuera conocido con el alias de "Ahmed Felipe", no dejan lugar a dudas.

Nota: El exdirigente del Polisario, Fathed Ahmed, no es un exdirigente cualquiera, puesto que estuvo incorporado en los servicios de seguridad dirigiendo zonas militares concretas; así podemos recordar de él que nació en 1954 en las cercanías de Smara, se incorporó al Polisario en 1975, en su ala militar, antes de ser enviado a la base Al Janine Bourzek, en Argelia donde recibió sus primeros entrenamientos. Después volvió a los campamentos de Tinduf donde volvió a recibir nuevos entrenamientos militares en el campo N'Khila.

4. El Polisario, alumnos aventajados de técnicas goebbelianas

El Frente Polisario ha conseguido asentar de forma 'brillante' (como casi todas las mentiras que se incorporan a la historia) una 'leyenda negra' sobre España que no se corresponde con la realidad que se vivió en la zona del conflicto del Sáhara Occidental desde finales de los años cincuenta y hasta los primeros años ochenta del pasado siglo.

Los polisarios han 'vendido' la idea de que España los abandonó a su suerte, dejando caer así una de las primeras falacias, la primera media verdad: «Ellos nos querían allí y los abandonamos».

La realidad fue bien distinta, inopinadamente y con la influencia de Argelia empezaron a no querernos. Pese a que, tras la creación de la provincia, fueron considerados ciudadanos españoles; por lo tanto, despejemos la primera duda, España no los abandonó de cualquier manera. Una afirmación así es coger el 'rábano por las hojas' y contar la verdad a medias, que es la forma más perniciosa de mentir.

Los españoles nos fuimos, entre otras cuestiones, porque no nos querían, hasta el extremo de que mataban a nuestros militares, a nuestros trabajadores, a nuestros pescadores y siempre en cobardes acciones terroristas.

Nuestros militares patrullaban la zona sobre las rahalas (las monturas) de los *mehari* (dromedarios) iban acompañados de soldados áskaris, nativos del lugar y salieron del escenario de operaciones sin hacer promesas en relación con aquellos territorios, ni a los áskaris, ni a los saharauis.

España abordó precipitadamente la descolonización, sí, pero eso fue después de que el Frente de Liberación Nacional Argelino (FLN), de ideología marxista, creara artificialmente el FRENTE POLISARIO que fue el órgano que estafó a los saharauis.

En realidad, como ocurre actualmente, los saharauis le importan bien poco a Argelia, los utilizó en su día cuando quedó fuera de juego en el reparto del Sáhara para buscar, mediante ese nuevo y artificial conflicto, una salida al Atlántico y, actualmente, tan solo mantiene la tensión —básicamente— por los mismos motivos que hace más de treinta años, tener una salida al Atlántico y de paso fustigar cualquier desarrollo de Marruecos.

No pretendo agotar, ni de lejos, la historia de aquel momento pero podemos afirmar resumidamente como fueron las cosas:

El Polisario —fuerza irregular de Argelia en el Sáhara español— fue quien animó a los saharauis a enfrentarse a los españoles; y éstos pasaron de ser ciudadanos a no querer la presencia española y, además, lo hicieron en un enfrentamiento asimétrico, con técnicas propias de grupos terroristas, de las que el FLN había aplicado en la propia Argelia y exportó a ese territorio bajo administración española en aquellos tiempos.

Y así fue como los saharauis empezaron a quedarse sin aquellos territorios en los que desarrollaban su vida nómada; porque no nos engañemos, nunca fueron un Estado.

La idea de que fueron desposeídos de esas tierras por España y luego Marruecos es una falacia, ni más ni menos; porque los saharauis empezaron a ser desposeídos de sus territorios por los argelinos que montaron y articularon ideológicamente el Frente Polisario. En muy poco tiempo, los saharauis, nómadas pacíficos, fueron dominados por una organización marxista que mediante el terror logró mimetizarse en aquellas gentes.

Desde el momento en que el Polisario con sus mensajes, dinero y armas procedentes de Argelia comenzó a atacar a los españoles que estaban allí, se convirtió en un grupo terrorista; así sería declarado mucho más tarde por el gobierno español en tiempos de Felipe González, en 1985, cuando la oficina del Frente Polisario fue expulsada tras una serie de atentados. El Polisario actuaba mediante acciones terroristas, nunca como una fuerza regular, un ejército no actúa como lo hizo el Polisario cuando mató a pescadores y obreros españoles.

Las primeras acciones terroristas del Polisario ni siquiera fueron ejecutadas por saharauis, fueron acciones protagonizadas y dirigidas por argelinos que ni siquiera conocían la Hasanía, la lengua propia de los saharauis. De hecho, en las misiones, se hacían acompañar de traductores.

5. Contra su propio pueblo

Así pues, ya en la génesis de las actividades del Polisario podemos identificar este movimiento actuando contra su propio pueblo, el mismo que decía representar. Es más, parte de los saharauis se mostraron en desacuerdo con sus actividades, con los atentados contra militares y civiles españoles; pero se mantuvieron pasivos, como esperando que aquellas promesas del Polisario de la creación imaginaria de una República Saharaui, algún día, pudiera convertirse en realidad y así dejaron hacer y deshacer a los argelinos, situación que aún hoy se mantiene.

Eran tiempos en los que se repetían los entierros de españoles muertos en actos de terrorismo, jamás en acciones de guerra y, además, todas las ejecuciones del Polisario ni siquiera pudieron justificarse en ataques previos por parte de España.

Por lo tanto, hay que dejar bien claro que cuando llegamos al escenario del año 1975, en contra de lo que nos 'venden' polisarios, propolisarios, Izquierda Unida y demás adláteres que conforman sus loobys de presión en España, fue el Polisario argelino el que desposeyó a los saharauis de sus territorios desde el momento en que comenzó a atacar a españoles y luego, cuando el territorio quedó bajo administración mauritana y marroquí decidieron declarar la guerra a los dos países… ¿con qué recursos?, pues ni más ni menos que con los que les suministraba Argelia y, mediante Argelia, otras potencias.

En relación con los lobbies 'propolisarios', los partidos políticos españoles no saben dónde tienen la mano derecha ni la izquierda, dicho en el peor sentido de la castiza expresión.

España y los españoles, con el tema del Polisario, corremos el riesgo de que personajes como el actor Willy Toledo sea el que nos intente 'rearmar' moralmente (dicho sea con ironía). Se trata del mismo individuo que justifica las más execrables acciones del régimen cubano, con los argumentos más peregrinos.

Un análisis sencillo basta para concluir que en España, el Polisario ha conseguido insertarse en la sociedad civil de la mano de la misma ideología que sirvió para su creación.

El pueblo Saharaui ha sido conducido a la más que lamentable situación actual por las decisiones de los dirigentes del Polisario que son quienes, en realidad, han jugado con los saharauis, los han utilizado espuriamente en innecesarias, injustas y graves decisiones que tan solo beneficiaron siempre a los intereses del marxista FLN, al principio, y siempre a Argelia.

Hay que decirlo con claridad, aunque sintamos que nadamos a contracorriente o seamos políticamente incorrectos, fue el argelino Frente Polisario el que engañó a los saharauis; pero es más, los aterrorizaron y los llevaron a una guerra absurda en la que muchos encontraron la muerte y con la que, finalmente, no solo no consiguieron nada, sino que miles de saharauis han terminado condenados a la miseria; mientras, buena parte de los elementos más visibles del Polisario viven como reyes, con buenos vehículos todo terreno, acumulando propiedades en otros países e incluso se enriquecen haciendo contrabando con parte de la ayuda humanitaria que llega a los campamentos de Tinduf.

6. ¿El pueblo saharaui un Estado? ¿Cuándo? El Polisario argelino atacó sin piedad a españoles

¿Cuándo ha sido el pueblo Saharaui una Nación? Sencillamente, nunca. Nunca tuvieron como posesión un territorio. Fueron laboriosas tribus nómadas que viajaban según las lluvias y los recursos; y se asentaban en una zona propicia durante el tiempo que la zona les ofreciera lo suficiente para vivir.

Se dividían en tribus de guerreros, pastores, tributarios, etc… y son musulmanes casi desde el mismo siglo VIII. El FLN argelino consiguió, con la creación del Polisario inocular el veneno de la violencia al pueblo saharaui mediante el terrorismo.

El Polisario bajo la batuta de Argelia desestructuró y casi hizo desaparecer la idiosincrasia saharaui y construyó una nueva y artificial llevando la destrucción y el terror a aquella población, hasta el extremo de que como consecuencia de la guerra, vendiendo la 'bondadosa imagen' de la acogida de refugiados crearon en la zona de Tinduf una serie de campamentos controlados por Argelia y sus secuaces fuerzas polisarias, en donde los saharauis están sometidos a una triple dictadura, la de elementos de la inteligencia argelina, los propios polisarios y la de una miseria cíclica.

El Polisario argelino, para tensionar la situación, de forma consciente, restringe la llegada de recursos. La situación recuerda el uso que hicieron los nazis de judíos empleándolos como policías de los propios judíos, a los que machacaron hasta casi exterminarlos, ese es el juego que hoy, desde España, la progresía de izquierda desfasada y la 'snob' progresía de derechas, que también la hay, pretenden vendernos de tal modo que terminan acusando a todo el mundo como culpable de la situación de los saharauis, el mundo entero, desde la ONU a Francia, desde Estados Unidos a España y por supuesto Marruecos, todos son culpables de los males que aquejan a los saharauis, menos el Frente Polisario, precisamente quien ha dirigido sus destinos durante más de seis lustros.

El Frente Polisario, decía, ha logrado, en España, sembrar una suerte de romanticismo absurdo sobre su papel, ha prostituido su propia historia y aparece emergente como una nueva suerte de revolución digna de todo reconocimiento. Lo mismo sucede con otros grupos a nivel internacional como las FARC colombianas, que hasta logran vender sus camisetas en mercadillos europeos con imágenes del 'Che' (mito que también estuvo a la base de la creación del Frente Polisario), cuando las FARC no son más que narcoterroristas asesinos que hace tiempo abandonaron cualquier ideología y se han aliado con antiguos enemigos como el ELN para vivir del negocio del terror y el tráfico de drogas a escala internacional.

En el seno del pueblo saharaui, dominado *manu militari* por el Polisario y Argelia, no se permite que surja libremente cualquier ideología que pueda desmontar el 'negocio' que se ha montado a costa de los maltratados saharauis que viven en el gueto argelino en Tinduf, en una gran cárcel política.

¿Por qué Argelia no deja que Naciones Unidas y observadores independientes, sin previo aviso, recorran libremente los campamentos?, ¿por qué los polisarios y sus 'chivatos' no dejan que libremente los periodistas graben y hablen con los acampados? En realidad el Frente Polisario, que para volver a la guerra necesita el permiso de Argelia, ha entrado en una espiral de decadencia que se demuestra con la constante salida de los campamentos de centenares de saharauis de a pie, y de altos responsables que regresan a Marruecos, en busca de la vida que le ha sido negada durante una treintena de años y que critican abiertamente todo lo que está pasando.

Pero es más, después de salir España de allí, tiroteados por los polisarios y tras La Marcha Verde organizada por Hassan II; los polisarios, esos mismos que se venden a nuestra olvidadiza sociedad como mártires, siguieron matando españoles, a civiles, a pobres pescadores, entre los que había algún menor, y lo hacían de forma cruel y terrible. Basta evocar el asesinato cometido por el Frente Polisario en la tripulación del barco pesquero 'Virgen del Rosario'. Los apresaron y los masacraron, incluyendo a un niño de catorce años… por cierto, estos hechos también son memoria histórica, pero durante años se ha querido silenciar. ¿Por qué? Pero es más, el PP y el PSOE comparten una idiocia colectiva y se muestran timoratos con todo esto cuando gobiernan; después de decenas de asesinatos de españoles, ametrallamientos… pero en España el romanticismo revolucionario de algunos —eso sí, sin jugarse la vida— pretende que mantengamos la memoria obstruida al recuerdo y los ojos cerrados a la realidad actual.

LISTADO DE ACCIONES CRIMINALES CONTRA INTERESES CIVILES ESPAÑOLES COMETIDOS POR FRENTE POLISARIO.

* Secuestro durante 7 meses del comerciante canario Antonio Martín, marzo de 1975.

* Atentado contra el pesquero *Puerto de Naos*.

* Atentado contra el pesquero *Pinzales*, abril de 1977, contra el pesquero *Saa* y contra el pesquero *Lugo*, en noviembre de 1977.

* Atentado contra el barco *Las Palomas,* en abril 1978. El secuestro de su tripulación duró entre el 20 de abril y el 14 de octubre de ese año.

* Atentado contra el pesquero *Lérez,* en mayo 1978 y contra el pesquero *Tela,* en agosto 1978.

* Atentado en septiembre de 1978 contra los pesqueros *María Luisa, Alada, Dorotea, Mar Caribe* y *El Batán*.

* Atentado contra el barco sudafricano *Zuiderster-8*, con seis víctimas mortales, en octubre de 1978.

* Ejecución sumarísima sobre la cubierta del barco de siete marineros del *Cruz del Mar*, el 30 noviembre 1978.

* Ataque contra el barco panameño *Dong-Bang 53*, en julio 1979 y contra el pesquero *Juancho*, en 1980.

* Ataque contra el pesquero *Carmen de las Nieves*, en marzo de 1985 y contra el *Peixe do Mar*, en junio 1985.

* Ataques el 22 septiembre 1985 contra el pesquero *Junquito* y contra la patrullera militar española *Tagomago* —asesinato y secuestro.

* Ataque contra el pesquero *Andes*, en julio 1986.

*Ataque contra el carguero de la Naviera ARMAS *Puente Canario*, en septiembre de 1986, con resultado de muerte.

Lo que sigue es un estremecedor testimonio de una víctima del terrorismo del Frente Polisario que pueden leer en el siguiente enlace:

http://lacomunidad.elpais.com/amigos-sahara-marroqui/2010/2/27/el-terrorismo-del-polisario

«Las hemerotecas hablan solas. Nunca engañan: ¿Dónde están los cuerpos de más de 289 marineros españoles, y por tanto canarios, asesinados, ametrallados, desaparecidos, secuestrados y hundidos adrede (60 barcos: Mencey Abona, Gargomar, Cruz del Mar, Génesis, Santa Ana, Junquito, Las Palomas, Terranova, Magamuda, etc) —sin contar los despedazados cruelmente— por los atentados terroristas de las bombas del Frente Polisario en la empresa española de Fosbucraa (los supervivientes, hechos y testimonios lo evidencian fehacientemente, aunque a menudo lo nieguen. Como ejemplo, El Eco de Canarias: Explosión de bombas por el Frente Polisario en las minas de Fosbucraa con muertos y heridos, 11-01-1976

»¿Por qué han practicado el negacionismo de los hechos y sistemático, el Frente Polisario, hacia las familias españolas desamparadas, indefensas, enfermas y abandonadas por todos en estos años, incluidos los políticos del Archipiélago, con excusas peregrinas como que eran ladrones de pescado, fosfatos, o una guerra colonial en la que cabía todo?, ¿Sabe Canarias, España, sus políticos, los medios de comunicación, del abandono, desinformación, falta de reconocimiento institucional, la negación de reparación de todo tipo que hemos sufrido durante décadas, nosotros, las familias de los afectados, tal y como les ocurrió a muchas víctimas de ETA en la época de plomo?

»Va siendo hora que salgamos y nos visibilicen, porque las viudas, las huérfanas y las hermanas, tenemos el derecho y la obligación de saber todo lo que ha pasado con nuestros muertos en el Sáhara, así como los errores que se cometieron hacia inocentes pescadores civiles españoles (canarios en su mayoría, aunque hay constancia también de andaluces, gallegos y vascos), durante la década de los 70 y hasta finales de los 80 —antes y después de la Transición. ¿Es de recibo, acaso, que a nuestra mente no han vuelto padres y esposos ausentes, en estos días donde Lanzarote se ha convertido en eje de discusión de la supuesta vulneración de los Derechos Humanos a una ciudadana saharui-marroquí, o marroquí-saharui? Es ampulosa la cantidad de dinero que han destinado las instituciones oficiales del Archipiélago y los canarios de a pie a la causa dentro y fuera de España ¿Es verdad el artículo publicado en (ABC, 2-10-1985: España expulsa a los dirigentes del Frente Polisario por el criminal atentado al Junquito y patrullera Tagomago)?

»¿Dónde ha estado la clase política española, la canaria, los grandes periodistas, los jueces, las bien remuneradas Comisiones Intergrupal e Interparlamentarias del Congreso de los Diputados, del Senado, del Parlamento de Canarias, pertenecientes a CC-Coalición Canaria, PP, PSOE, PNV, IU, ERC, que van cada dos por tres a Tinduf y jamás han visitado una casa de las numerosas familias canarias, para saber cómo quedaron empobrecidas y desestructuradas, tras la muerte del padre, o cómo están ahora?

»¿Por qué los historiadores, los artistas, los cantantes, las ONG, Amnistía Internacional, los observadores y Altos relatores de la ONU, la OSCE, o los tribunales nacionales e internacionales, jamás se han interesado en defender los derechos humanos de las familias civiles canarias?

»La reparación y el reconocimiento como víctimas del terrorismo ha sido lenta y dolorosa, porque todo el mundo lo ha justificado vilmente, con el gran síndrome de Estocolmo de una revolución romántica. ¿Acaso no se han perpetrado crueles acciones violentas de este grupo separatista bajo justificaciones débiles e interesadas?

»Faltan muchas víctimas por reconocer aún. Otras ya lo han conseguido afortunadamente. Pero desde hace pocos años, —y gracias a la Dirección General de Apoyo del Ministerio del Interior — y a la Asociación Canaria de Víctimas del Terrorismo —ACAVITE—, se puede recorrer, por lo menos, un mínimo camino a la esperanza con la nueva Ley Integral de Víctimas del Terrorismo que se aprobará en breve, donde se equiparan todos los derechos como cualquier otra víctima en nuestro país, sea de ETA, Grapo, 11M, extrema izquierda, o extrema derecha. Y por qué no del FRENTE POLISARIO».

La Asociación de Víctimas del Terrorismo de Canarias ha calificado al Frente Polisario de la misma forma que a ETA o el GRAPO y ha exigido que las autoridades españolas actúen para que esa organización criminal indemnice a las víctimas.

En mi opinión, lo que debería hacer el Estado español es intervenir las cuentas vinculadas al Polisario en España cuanto antes y no dejar que el tiempo tape la vergüenza cometida con los canarios en este ámbito, pues el Estado

Español está tratando mejor a los autores de las muertes que a las víctimas. Ni PP ni PSOE se han preocupado por ellos.

7. Saharauis contra el Polisario apuestan por el plan de autonomía

Algunos grupos de apoyo al Frente Polisario han tratado durante años de vendernos la idea de que todos los Saharauis están detrás, 'prietas las filas rectas marciales', del Polisario, nada más lejos de la realidad; en este sentido jefes de tribus saharauis saludaron el contenido del discurso real respecto al plan autonómico. A este respecto, Nafaâ Sid Azzine expresó «su pleno y total apoyo a la iniciativa de autonomía propuesta por SM el Rey, manifestando la movilización permanente detrás del Soberano para la defensa de la integridad y la soberanía nacional». Por su parte, Sidi Mahmoud Daoudi «se congratuló por el contenido del discurso real en particular la iniciativa de autonomía para las provincias del Sur».

Igualmente, el Presidente de la asociación Regionalización avanzada y autonomía en la región de Uad Eddahab-Lagouira, Ahmed Sallay, destacó «la necesidad para el conjunto de las instancias políticas y actores económicos de implicarse en la defensa de la integridad territorial del Reino».

Pero esta importante cuestión no solo fue saludada por destacados líderes de comunidades saharauis, también el espectro político de Marruecos reconoció en la intervención real a un monarca pegado a la realidad de un país, que está creciendo y que necesita de nuevos impulsos, así el Secretario General del partido del Istiqlal, Abbas El Fassi destacó que después de haber evocado la cuestión de la integridad territorial, Su Majestad el Rey hizo hincapié, en su discurso, en la obra de regionalización avanzada, poniendo de relieve el consenso de los marroquíes en torno a este proyecto.

Por su parte, el Secretario General del partido Autenticidad y Modernidad, Mohamed Cheikh Biadillah, calificó el discurso real de hoja de ruta para la acción de los actores políticos y del Gobierno en la elaboración del proyecto de regionalización avanzada.

El discurso real incitó también a los ciudadanos a apropiarse de este proyecto, «a través de la organización de varios encuentros, el objetivo consiste en conseguir un cambio de mentalidades y acompañar los profundos cambios que afectarán al Estado de modo general», añadió.

Para el Presidente de la Agrupación nacional de los Independientes, Salaheddine Mezouar, la obra de regionalización es un proyecto fundamental para la próxima década, destacando los retos que presenta este proyecto para los partidos en materia de encuadramiento, seguimiento y renovación de los cuadros.

Por su parte, el Secretario general del Movimiento Popular, Mohand Laenser, afirmó que el discurso real es de suma importancia en la medida en que da una nueva dimensión a la celebración del aniversario de la Revolución del Rey y del Pueblo, añadiendo que el Soberano insistió en las grandes cuestiones que focalizan la atención de la opinión pública nacional, como la iniciativa de autonomía en las provincias del sur.

El discurso real responde también a las preocupaciones y sensibilidades del conjunto del pueblo marroquí, destacó el Secretario general del Movimiento democrático y social, Mahmoud Archane, señalando que este consenso nacional puede reforzar aún más el proceso de desarrollo emprendido por Marruecos.

En el mismo sentido, el Secretario general del partido Socialista, Abdelmjid Bouzoubaâ, destacó que el Soberano hizo hincapié en la necesidad de conceder un interés particular a los aspectos económicos, sociales y culturales en la puesta en marcha de la iniciativa de autonomía en las provincias del sur.

Por su parte, el Presidente del partido Al Ahd Addimocrati, Najib Ouazzani, puso de relieve el interés concedido por el Soberano al proyecto de regionalización avanzada que abrirá nuevas perspectivas para Marruecos, considerando que el desarrollo de una región no puede realizarse sin basarse en sus propias potencialidades y adoptar una verdadera democracia regional.

Por su parte, el Secretario general del partido del Centro social, Lahcen Madih, afirmó que este discurso pone los partidos políticos ante sus responsabilidades, que se basan en una planificación y una acción serias y creíbles, destacando la firme voluntad del Reino de ir adelante en la vía de la democratización y el desarrollo a pesar de la obstinación de los enemigos de la integridad territorial.

8. Polisarios rearmados vía Argelia

La hoja de ruta de Marruecos debe comenzar a andar pronto y para ello debe instarse de Naciones Unidas la supresión de la Misión para el Sáhara Occidental o la modificación del objeto de su misión para colaborar en que la transformación del Sáhara Occidental pueda ejecutarse con unos razonables parámetros de seguridad.

Los cierto y verdad es que la Minurso ha sido una estructura combinada de militares y civiles que ha servido de bien poco, eso sí, con un coste de decenas de millones de euros anuales y que en los últimos años no ha sabido trabajar el ámbito de la inteligencia ni ha dado muestras de haberse enterado de nada en cuanto a la adquisición de armamento, incluso armamento pesado, por parte del Polisario, quien saltándose el alto el fuego ha ejecutado maniobras militares que han sido observadas por los efectivos de la ONU que tan solo han reaccionado a posteriori. No han intervenido como podía esperarse de una misión de interposición.

Las adquisiciones de material bélico por parte del Frente Polisario se produce a cambio de dinero obtenido por los apoyos internacionales al pueblo Saharaui e incluso por el intercambio de materiales que, en principio, llegarían a los campamentos de Tinduf y que luego se entregarían a manos de comerciantes para obtener armamento y munición… ¿qué papel juega Al Qaeda en el Magreb Islámico? Es una pregunta que debería ser investigada.

Ante estos avances 'militares' del Polisario, Marruecos no puede dejar desprotegida una zona tan sensible de su país, puesto que en la misma viven pacíficamente miles de saharauis-marroquíes. No hay que olvidar que los cientos de saharauis que han huido del secuestro que suponen los campamentos de refugiados son tachados como traidores, por lo que no sería destacable que la primera acción bélica, en caso de una eventual vuelta a las armas, vaya dirigida contra zonas como Laayun.

Merece la pena que recordemos que hay grupos que han planificado, siguiendo vetustos manuales de guerra de guerrillas, cuales debieran ser las primeras misiones de la vuelta a las armas este es un ejemplo de ello extraído de internet:

«la preparación y adiestramiento de nuestras fuerzas tiene que dar un salto cuantitativo y cualitativo, tanto en el empleo de técnica y material militar, como en las tácticas y estrategias a desarrollar ante la posible vuelta a las armas, no se puede hacer frente a un ejército que nos supera en una proporción de fuerza viva, aproximadamente 10-15 a 1, con estrategias de guerra propias de ejércitos regulares con fuerzas semejantes, la guerra debe plantearse de modo irregular, teniendo en cuenta que Marruecos se encuentra en una posición defensiva cómoda, parapetado tras el muro, las acciones no solo se deben centrar en dicho muro (al cual es indispensable abrirle brechas), ya que es ahí donde más fuertemente están equipados y concentrados, dicha estrategia se debe enfilar a debilitar y destruir sus infraestructuras en el interior del territorio ocupado, aeropuertos, puertos navales, bases de apoyo logístico, escalones de apoyo intermedio y si fuera necesario incursiones en territorio marroquí para atacar bases de apoyo a la fuerza, la táctica debe ir encaminada a la consecución de estos objetivos, para ello se deben crear grupos de operaciones especiales muy reducidos y muy especializados, pero con la autonomía y el equipamiento suficiente para el desempeño de sus misiones. Es la hora de desperezarnos y mirar de frente al enemigo para que se dé cuenta de que el Frente Polisario somos todos, ¡¡Polisarios somos todos, porque el Sáhara nos necesita a todos!! Se caerán las caretas de los falsos amigos, y se le acabara la sensación de tranquilidad a Marruecos. Está claro que esta decisión exige sacrificios, pero será un sacrificio que gustosamente aceptaremos nuestra generación, al igual que aceptaron el mismo sacrificio nuestros Mártires».

El servicio de exteriores español, del CNI y se otros servicios de inteligencia han puesto al descubierto, bien a la claras, que el Frente Polisario se ha mostrado 'poroso' a la penetración del yihadismo de Al Qaeda en el Magreb Islámico; lo que ha venido a decidir una posición clara por parte de buena parte de los países europeos y es que, para poder actuar eficazmente contra el yihadismo del Sáhel, zona donde además se combinan otros tipos de delincuencia internacional, tiene que resolverse la cuestión saharaui. En este sentido, las declaraciones de intenciones de la diplomacia española es que comparten al cien por cien la visión del problema del Sáhara. Si esto es así, ambas diplomacias debieran poder actuar eficazmente en el seno de la Unión Europea, que ha firmado un tratado de relación preferente con Marruecos, para impulsar una definitiva acción que ponga en vías de resolución el conflicto que torticeramente mantiene vivo Argelia y los polisarios.

9. ¿Reconocimiento internacional del Polisario?

El paupérrimo reconocimiento de la RASD a nivel internacional es ejemplo de cómo ha evolucionado la realidad-real de la zona. La autoproclamada República Saharaui Democrática llegó a tener el reconocimiento de más de ochenta países en el mundo, nunca fue reconocida como estado por Naciones Unidas, pero, es que, además, muchos países que fueron generosos con el Frente Polisario se han retractado y o bien han manifestado su no reconocimiento o bien han cancelado cualquier relación oficial con el Polisario. Ni más ni menos que treinta y seis países, le han vuelto la espalda, los últimos cuatro hace unas semanas en la zona del Caribe.

Pensemos, en realidad, como comenzaron estos señores del Frente Polisario, cuáles fueron sus bases ideológicas, muy alejadas en realidad de reivindicaciones nacionalistas: En agosto de 1976 es cuando podemos identificar, perfectamente, el surgimiento de la doctrina del Frente Polisario. Una 'ideología' orientada a la violación de derechos humanos durante más de tres décadas. Llegaron a plasmar tal doctrina en el documento que bautizaron como Programa Nacional general, definido en el transcurso del tercer congreso del Frente, en tal documento se ponía de manifiesto que «bajo la égida del Marxismo-Leninismo-Maoísmo [...] se estipula que existe la necesidad de ampliar sin cese las bases de las fuerzas armadas populares y de mejorar su nivel para que puedan asegurar la defensa de la Revolución, del país y, de los logros del pueblo, para que completen la soberanía sobre el conjunto del territorio nacional ocupado, permitiendo a amplias masas populares a tomar las armas, preparándolas militarmente». Por si la declaración de intenciones fueran poco claras, el mismo documento llama a la «creación de comisarios políticos que serán identificados como dirigentes 'políticos militares', debemos crear reservas —dice el documento— propias de un pueblo organizado, armado ideológicamente y militarmente. <u>Hay que militarizar a todo el pueblo</u> y armarlo ideológicamente; debe tener un alto conocimiento de las artes de lucha».

Este lenguaje es el mismo que en esos años podemos extraer de los manuales de la Revolución cubana, de los escritos del Che Guevara, etc… y dieron lugar a un régimen dictatorial, con un partido único, que se ha mantenido al frente durante más de treinta años, sin que haya dejado resquicio a una participación democrática. El Polisario creado por Argelia ha terminado degenerando en un secuestro de decenas de miles de personas en una zona a la que se somete a mujeres, a hombres y a niños a hambrunas, a falta de asistencia médica, etc. Basta ver las reivindicaciones que se hacen por parte de la Media Luna Roja y como en la prensa argelina se dice el mismo día que en los campamentos de Tindouf se está perfectamente.

Polisarios y ciertos poderes argelinos se necesitan mutuamente para mantener la situación, mientras que Naciones Unidas y Europa, salvo las excepciones de Estados Unidos y Francia, como siempre, prefieren mirar hacia otro lado, el ejemplo más claro lo tenemos en España que de cara a la galería europea parece compartir los criterios franceses, pero no da ni un solo paso eficaz, práctico, real.

Felipe González, en su día, antes de ser presidente en España, visitó con todos los parabienes los campamentos de Tinduf; luego, en el año 1985, cuando el Frente Polisario asesinaba a nuestros pescadores, tuvo que tomar la decisión de expulsar a su representación seudolegal en España; pero nada más se hizo, simplemente se los expulsó.

El Frente Polisario, no nos olvidemos, no quería a los españoles, se apoyó en las reivindicaciones marroquíes para iniciar su lucha y después decidió declarar la guerra a Marruecos y Mauritania que fueron los países a los que España cedió la administración de los territorios de los que fueron colonia española.

El Frente Polisario, como Al Qaeda en el Magreb Islámico o movimientos islamistas radicales como Justicia y Espiritualidad, busca un debilitamiento del actual régimen de Marruecos, para luego dar cabida a intereses que se fraguan en estos momentos entre Kandahar y Pakistán, entre ciertos grupos islamistas asentados en Alemania, hermanados con otros en el norte de África. Cualquier postura tímida por parte de la comunidad internacional no es más que una imprudencia, quien sí parece tenerlo claro es Estados Unidos y Francia. Que nuestro país, que ha sufrido lo que ha sufrido, con el Yihadismo internacional, se muestre timorato, es como para echar a correr y, ojo, con el PP no parece que vaya a ser diferente.

10. Argelia mantiene el control del monstruo que ayudó a crear, el Frente Polisario

Noticia escrita por Khalid Ibrahim Khaled:

«Mientras que nos acercamos al millar de personas que han huido de los campamentos de Tinduf desde el comienzo del año 2010 hacia Marruecos, la dirección del Frente Polisario ha decidido actuar con rigor procediendo a una revisión total de los procedimientos de seguridad de los campamentos. Los "taxis" del desierto "Land Rover", ante el más mínimo, son sometidos a revisión y autorizaciones de la dirección del Polisario.

»Un salvo conducto debe ser otorgado a toda persona que utilice este tipo de vehículo todo-terreno, con el fin de intentar cortar los retornos hacia Marruecos.

»En efecto, el procedimiento utilizado por la mayoría de los huidos es siempre el mismo, taxi 4x4 hasta Mauritania, luego presentación en el consulado Marroquí o en el puesto fronterizo para ser tomados a cargo por las autoridades marroquíes. El ritmo de huidas hace que el Frente Polisario tema simplemente que los campamentos se vayan vaciando progresivamente de los elementos más jóvenes, dejando tan solo a personas viejas, niños y mujeres. Este cambio de demografía de los campamentos de Tinduf sería pues dramático para el Frente Polisario, quien amenaza desde hace meses con retomar las armas, pero que se arriesga a encontrarse sin personas para llevarlas al frente. Argelia misma y su ejército en particular parecen estar desbordados por el flujo de los saharauis que huyen de los campamentos para volver a Marruecos.

»Una reunión al más alto nivel entre el responsable de la seguridad de los campamentos de Tinduf, recientemente nombrado a raíz del encarcelamiento de Ahmed Berrih, ha tenido lugar con el responsable del ejército argelino encargado de los campamentos, con el fin de poner los medios para frenar el flujo de tránsfugas».

En este sentido, hay que denunciar que Argelia está utilizando medios militares de forma ilegítima para controlar la huida de los saharauis de sus campamentos, lo que indica que los campamentos de refugiados empiezan a parecerse a campamentos de concentración, puesto que Argelia ve en esa huida masiva de saharauis una desautorización de su política. Estos hechos han sido denunciados por la diplomacia de Rusia quien ha pedido explicaciones al embajador de Argelia en Moscú que explique cuál ha sido el protocolo empleado para el uso de aparatos aéreos en las inmediaciones de Tinduf para evitar la fuga de decenas de saharauis y militares del Frente Polisario.

Moscú ha puesto de manifiesto su sorpresa al jefe de la legación argelina porque en los acuerdos bilaterales que existen entre ambos países no se recoge la posibilidad de perseguir a los saharauis, así como dañar la integridad territorial de Marruecos.

Mientras tanto el Polisario se niega a que la Acnur haga un censo de la población existente, ya que las cifras más reales parece ser, como ya hemos dicho, que son unos cuarenta y cinco mil saharauis en los campamentos, aunque Argel, en una exageración evidente dice que allí viven más de trescientas cincuenta mil personas.

Otra noticia más, que pone en evidencia a Argelia y al propio Frente Polisario es la que sigue:

"Soldados argelinos detienen a saharauis que huían de Tinduf para regresar a Marruecos"

«Una cincuentena de Saharauis que intentaba abandonar los campamentos de Tinduf, administrados por el Frente Polisario, han sido detenidos por el ejército Argelino recientemente por la noche», es una información captada por *Polisario-confidentiel*, de fuente fidedigna próxima de la dirección del movimiento de la guerrilla.

«Conducidos por el hijo de un miembro del ejecutivo del Polisario, el grupo de cincuenta personas intentaba regresar a Marruecos vía Mauritania. Alertados por un informador de dentro de los campamentos de Tinduf, los elementos de la inteligencia argelina, la DRS (*Département Renseignement et Sécuirte*) ha constituido con la comandancia militar argelina de Tinduf un comando encargado de recuperar los candidatos de retorno a Marruecos. Equipados de Jeeps y de armas ligeras, apoyados por dos helicópteros rusos de tipo MI-24, el comando constituido de soldados de élite argelinas y de miembros del servicio «acción» de la DRS ha recorrido las rutas probables utilizadas por los Saharauis. Hacia la 3 de la madrugada, los helicópteros han descubierto las luces de los vehículos todoterreno utilizados por el grupo en la huida y han alertado a los equipos en tierra con el fin de proceder a la detención del grupo. El objetivo principal perseguido era, por supuesto, recuperar al hijo del dirigente del Polisario, así como a miembros de su familia que estaban en el viaje.

»El grupo no opuso ninguna resistencia y ha pedido a un portavoz ser entregados a la delegación del ACR (Agencia de las Naciones Unidas para los Refugiados), con el fin de garantizarles su suerte. A esta petición, el Coronel D., que dirige las operaciones a cuenta de Argelia ha respondido: "¿Quieres ir al ACR?, vas, por el contrario, a ir al ACA, Altas Celdas Argelinas…", los cincuenta saharauis fueron separados en varios grupos, antes de ser arrastrados hacia un destino desconocido...». ¿Dónde están?

Organismos internacionales, por su parte, no paran de advertir de los peligros potenciales que supone el Frente Polisario; es de esperar que la comunidad internacional, al contrario de lo que ocurrió con los análisis publicados antes de los atentados de Nueva York, Madrid y Londres, tomen en consideración estas informaciones para elaborar sus análisis de inteligencia. Veamos lo que dice *El Polisario*: «está actualmente en un estado de descomposición avanzado que constituye una amenaza seria para la estabilidad regional», destaca un informe del Centro europeo de inteligencia estratégica y de seguridad (ESISC), publicado en octubre del año 2008.

El informe de este centro con sede en Bruselas, que describe el acercamiento de de algunos elementos del Polisario al terrorismo islamista, explica que «el desarrollo del salafismo en la región, simbolizado por la organización Al Qaeda en el Magreb islámico (AQMI) y el desgaste de más de treinta años de una lucha inútil facilitó el acercamiento de la franja más joven del Polisario hacia los movimientos de influencia radical».

Este acercamiento, precisa el informe, se materializa desgraciadamente en contactos entre miembros del movimiento y terroristas del Grupo islámico armado argelino (GIA).

El Polisario pasó a ser uno de los principales viveros de reclutamiento del AQMI, indica el ESISC, antes de destacar que «la desmovilización y la impregnación de la ideología salafista de una parte de las tropas del Frente Polisario constituyen en efecto una ganga para una organización como la AQMI que tiene una importante necesidad de reclutar a nuevos combatientes».

El informe explica el vínculo de complementariedad entre el Polisario y la organización terrorista AQMI por la necesidad para esta última de posiciones locales y la necesidad para este movimiento separatista de aprovecharse del apoyo financiero y de un renacimiento ideológico aportado por el islamismo radical que le permitirá removilizar una base harta de treinta y cinco años de promesas incumplidas.

Por otra parte, el ESISC advierte contra el gran bandolerismo y el crimen organizado transfronterizo como otra amenaza de deriva hacia la cual el Polisario puede inclinarse.

Se trata de «otro riesgo directamente vinculado a la pérdida de velocidad y al fracaso ideológico del Polisario consolidado por la extrema pobreza que reina en los campos de Tinduf y el retroceso de la adhesión popular a este movimiento separatista que favoreció el desarrollo de la criminalidad».

Además de los factores internos al Polisario, la impunidad en la zona subsahariana favoreció el desarrollo del tráfico de toda clase (droga, tráfico de seres humanos, desvío de la ayuda humanitaria), y contribuyó a la propagación del terrorismo en la región, prosigue el informe.

Con respecto al desvío de la ayuda humanitaria, el ESISC destaca que «el diferencial entre el número real de las poblaciones de Tinduf y las cifras avanzadas por el Polisario constituye la base de este desvío» y explica que «la continuación de la desestructuración del Frente Polisario observada estos últimos años no ha permitido frenar la tendencia del desvío de las ayudas internacionales, sino lo contrario».

El ESISC subraya también el deterioro de la situación de los derechos humanos en los campos de Tinduf, recordando los informes de las organizaciones internacionales que denunciaron los tratamientos que sufren las poblaciones a manos de los separatistas.

Evocando las negociaciones entre las partes para el arreglo de la cuestión del Sáhara, el informe destaca que "el exceso de reacciones del Polisario autoriza por sí a emitir serias dudas sobre la voluntad real de los separatistas de implicarse de manera constructiva" en este proceso.

La actitud del Polisario, señala el informe, permitió poner de relieve, de nuevo, «la falta de democracia interna de la que sufre», añadiendo que «varios grupos de la oposición se expresaron en efecto para denunciar la falta de legitimidad de la dirección del Polisario».

El informe subraya por otra parte las relaciones del Polisario con Argelia "su sostén más apoyado que supo instrumentalizar el conflicto del Sáhara occidental buscando desestabilizar a Marruecos", añadiendo que este apoyo «responde también a los objetivos estratégicos de Argel en el Magreb».

El ESISC añade que "el mantenimiento de una situación de conflicto permite al ejército argelino mantener un papel preponderante en los asuntos del país".

12. La misión de la ONU no protege a los saharauis que quieren volver a Marruecos

Mientras estas cosas ocurren, y los soldados argelinos ejecutan misiones contra los saharauis que quieren regresar a Marruecos con la ayuda cobarde de los soldados y chivatos del régimen despótico de los mandos intermedios del Polisario, la ONU calla y otorga, pese a que tiene desplegada una misión Minurso que más parece una misión de *'playmobil'*.

No se enteran a tiempo de movimientos militares prohibidos por parte del Polisario, da la espalda a los saharauis que quieren volver a Marruecos, permiten detenciones arbitrarias y que sean ellos los que impongan medidas restrictivas a derechos fundamentales de los marroquíes saharauis que aún permanecen en los campamentos de Tinduf, convertidos en una cárcel política y en un elemento de presión, inadmisible hoy en día, por parte de Argelia, ya no solo contra Marruecos, sino en el Magreb.

LA PROPUESTA DE AUTONOMÍA

PARTE IV

1. Posición de Marruecos respecto al arreglo del diferendo del Sáhara

La búsqueda de una solución que pueda considerarse irreversible en relación con el conflicto del Sáhara Occidental, las provincias del sur de Marruecos, este país ha tratado de actuar y desarrollar toda su labor reivindicativa y de planteamiento de soluciones dentro del marco de la legalidad internacional, especialmente trabajando con las Naciones Unidas, algo que el Frente Polisario, recurrentemente, prefiere replantearse, siempre y cuando detecta que la solución internacional no camina por la senda que el Polisario plantea. Una posición inamovible que solo admite la autodeterminación del Sáhara, planteamiento que nunca será posible y más teniendo en cuenta todo lo explicado anteriormente. El aspecto securitario de la solución a este conflicto tiene un peso específico hoy que hace treinta años ni se planteaba. Marruecos, además de plantear lícitamente sus argumentos ha propuesto una solución que no solo ahonda en el equilibrio y seguridad de su país, sino en una propuesta de solución que contribuya eficazmente a que el conjunto del Magreb abra sus puertas a un largo periodo de paz y de estabilidad. Es así, pues, que desde que se iniciaron los primeros pasos del proceso, Marruecos ha mostrado una colaboración leal con las Naciones Unidas y sus representantes Especiales y, aun hoy, pese a las amenazas del Polisario con volver a las armas, argumento que sería suficiente como para aparcar el proceso de paz, Marruecos sigue insistiendo en hallar una solución pacífica. Debiera saber que cualquier amenaza del Polisario, en justa correspondencia, podría ir seguida del inicio del conflicto; pero no parece ser que Marruecos esté dispuesto a dar el primer paso en ese sentido, no quiere cerrar la puerta de la paz para resolver estos diferendos.

En el marco de la búsqueda de una solución definitiva al desacuerdo del Sáhara, Marruecos, siempre, ha inscrito su acción en el marco de la legalidad internacional, en estrecha cooperación con las Naciones Unidas, con la preocupación constante de preservar la paz y la estabilidad en la región del Magreb.

Desde el principio del proceso, Marruecos demostró un apoyo constante a los esfuerzos del Secretario General de las Naciones Unidas y de sus Representantes Especiales y ha manifestado su determinación y su compromiso en favor de una solución pacífica de este contencioso regional. La posición de Marruecos es clara pues considera que la solución por la autonomía permitirá a las poblaciones saharauis liberar sus energías y contribuir plenamente al desarrollo de la región y al avance del proceso de democratización del país.

La apuesta de Marruecos, insisto, tiene una altura de miras de las que parece contar Argelia, país que se encarga de poner piedras en la rueda de este proceso. Es altura de miras se dirige a lograr que el conjunto del Magreb se presente ante el mundo bajo el signo de la unidad, lo que implica fortaleza y, tal como se están desarrollando los acontecimientos podrían plantear estatutos de asociación con la OTAN o la OSCE, de tal manera que el conjunto del Magreb sea uno de los pilares para aportar a la zona y al conjunto de la Comunidad Internacional el marco apropiado que permita pensar en una acción de larga duración de mantenimiento de la paz y de la seguridad, especialmente en el Mediterráneo y con el conjunto de la Unión Europea.

2. Regresamos al siglo XIX

Parece evidente, vamos, es fácil observar que la situación geográfica de Marruecos no es más que un nudo de comunicaciones, puerta de África, puerta del Atlántico, puerta del Mediterráneo y puerta de Europa. Es esta situación geográfica la que motivaron el interés de potencias extranjeras en el pasado; interés, en aquellos tiempos, más basado en intereses económicos y de poder, que de actuar sobre Marruecos en positivo, de ahí que tengamos que reconocer que en el ámbito de la colonización y descolonización ha ocupado un papel muy especial. Los expolios llevados a cabo por potencias extranjeras fueron ejecutadas principalmente en la segunda mitad del siglo XIX, cuando España ocupa Villa Cisneros, la actual Dakhla, que fue el detonante final para que otras potencias ejecutaran diversos planes con el fin de repartirse otras zonas que finalmente, ya en los primeros años del siglo pasado se conformaron como protectorados.

Pensemos por un momento que en el año 1912, Marruecos estaba repartido en las siguientes zonas de ocupación: La zona centro, por Francia; la zona Norte; por España. Sakkiat El Hamra hasta las ciudades de Tarfaya y

Sidi Ifni; por España y,finalmente había un conglomerado integrado por doce potencias extranjeras en lo que se denominó Zona Internacional de Tánger.

Tuvieron que pasar más de cuarenta años, casi medio siglo, para que Marruecos comenzara, de manera progresiva y a base de negociaciones bilaterales y acuerdos internacionales a recuperar su integridad territorial.

Hay un año clave que debemos señalar, 1956, cuando España y Francia negociaron y retrocedieron, dentro del territorio Marroquí, devolviendo la zona Norte y Centro, lo que facilitó que el conglomerado internacional entregara a Marruecos Tánger y su zona de influencia, quedando bajo soberanía del país magrebí.

Aun así la presencia española se mantuvo en las ciudades del norte y del sur de Marruecos, pero España, y el propio país Alauí apostaron por desarrollar unas relaciones de buena vecindad prepararon a conciencia procesos de negociación orientado a la solución de un contencioso territorial que, para esos momentos, estaba claramente sobre ambos países. El acuerdo del año 1958 el acuerdo llevó a España a reintegrar a Marruecos la ciudad de Tarfya, pero el acuerdo más significativo fue el que se produjo en el año 1969, con el que se permitió que la zona del Sidi Ifni, que había sido objeto de terribles luchas entre ambos países, volviera a integrarse en Marruecos.

Realmente la presencia española en Marruecos finaliza con los denominados Acuerdos de Madrid, del año 1975, por los que España pone fin su presencia en el Sáhara y reintegra esas provincias saharianas a Marruecos a partir de 1979. Fueron acuerdos BILATERALES, entre Mauritania, Marruecos y España.

El Acuerdo de Madrid del 14 de noviembre de 1975 no se produjo con la única visión de los negociadores, sino que España, Marruecos y Mauritania contaron para ello con el dictamen consultivo del Tribunal Internacional de Justicia de La Haya, que estaba en su poder desde que fuera emitió el 16 de octubre de 1975.Tras estos acuerdos sobre el Sáhara Occidental, el Rey Hassan II, el 6 de noviembre de 1975, lanzó La Marcha Verde pacífica, integrada por miles de ciudadanos fue concluido entre España, con el fin de poner de manifiesto el compromiso de la sociedad marroquí por la defensa de su integridad territorial.

Todo el proceso, que hemos resumido, contó con la oposición de Argelia, desde donde el FLN decidió montar el Frente Polisario. Su papel, entre las bambalinas de los acontecimientos, frustró el futuro de la zona y abonó el conflicto armado que habría de producirse poco después. Así fue, porque Marruecos, pese a la oposición de Argelia, propuso medidas pacíficas en la Cumbre de la Organización de la Unidad Africana que se celebró en Nairobi en 1981. Entre las medidas que propuso Marruecos, se destaca la organización de un referéndum para solucionar los desacuerdos regionales. Pero cuando en la cumbre se perfilaba esta posible solución, el foro decidió admitir como nuevo miembro a la autoproclamada e inexistente República Saharaui que se instaló en Argelia (Tinduf), por lo que Marruecos, ante la deslealtad mostrada decidió abandonar este foro africano, pero no cesó en buscar una solución pacífica y volvió su mirada hacia las Naciones Unidas donde se concretaron, entre otras actuaciones, el Plan de Arreglo de 1990 que incluía un alto el fuego (pues el Frente Polisario decidió declarar la guerra a Marruecos y Mauritania y desplegó acciones terroristas, incluso, contra intereses españoles) y la organización de un referéndum que ofrecía dos soluciones, el sometimiento al Reino de Marruecos o la Independencia.

Marruecos se puso manos a la obra para que pudiera celebrarse tal referéndum y hay que destacar que su trabajo estaba orientado y siguió las exigencias de la ONU, para lo cual cooperó con la Misión Internacional de la ONU (Minurso), pero comenzaron a surgir dificultades, especialmente con cuestiones relacionadas con el Censo electoral que debía ser aplicado. Se realizaron varios trabajos de censo e identificación pero aquello no dio resultado. El Plan de Arreglo fue una apuesta positiva, pero que no podía materializarse; de ahí que, mediante un acta hubo que poner, negro sobre blanco, un acta de no-aplicabilidad del Plan de Arreglo. La ineficacia del proceso hasta fue admitido por el propio Consejo de Seguridad de las Naciones Unidas.

Naciones Unidas no se dio por vencida y nombró un enviado especial para solución del conflicto, el que fuera secretario de Estado de los Estados Unidos, James Baker que actuaba como enviado especial del Secretario General de Naciones Unidas. En el acta, Baker ponía de manifiesto que «después de nueve años no fue posible aplicarse en su integridad ninguna de las disposiciones principales del Plan de Arreglo de las Naciones Unidas».

James Baker, no obstante, durante su representación, ante el temor de que el Polisario volviera a las armas e iniciara nuevamente el conflicto armado, se decidió, en primer lugar por actuar para evitar esta potencial situación; así instrumentalizó cuatro encuentros más dirigidos a recabar soluciones de la Comunidad Internacional, con el fin de resolver definitivamente y de forma pacífica la situación.

Tras estos encuentros, Baker concluyó que «es mucho mejor conseguir una solución política que agotar el proceso de negociación, pues nos encontraríamos irremediablemente abocados de nuevo al conflicto armado».

Las partes fueron conminadas a continuar con las negociaciones y, tras la Resolución 1309 de julio de 2000 del Consejo de Seguridad, Marruecos se adelantó a expresar "su disponibilidad a empezar con la otra parte, un diálogo sincero y franco refiriéndose al desacuerdo" con la mirada puesta en lograr una solución duradera, definitiva, eso sí —Marruecos en todo el proceso ha actuado sin engaños— y puso énfasis que debía tenerse en cuenta la soberanía e integridad territorial marroquí y, teniendo en cuenta como avanzaba el panorama en la zona ya advertía que había que actuar teniendo claras las características consustanciales de la Región.

Marruecos, entonces, aceptó una delegación de poderes "a todos los habitantes y antiguos habitantes del territorio, que sea auténtica, tangible y conforme a las normas internacionales", lo que permitió que James Baker presentara una nueva vía de solución, lo que dio paso a la Resolución 359 de junio de 2001 del Consejo de Seguridad, apoyando un acuerdo Marco. Marruecos aceptó ponerse manos a la obra sobre la base de este proyecto, anunciando que mostraría la flexibilidad necesaria, pero, una vez más Argelia y el Frente Polisario boicotearon la resolución de Naciones Unidas rechazando la negociación y llegando a bloquear el proceso para una solución pacífica.

El 2 de noviembre de 2001 no se le ocurre otra cosa a Argelia y a Polisario comunicar que estaban dispuestos a examinar o negociar una división del territorio como solución política al desacuerdo relativo al Sáhara occidental. Lo que pone de manifiesto que Argelia está en este asunto para conseguir su salida al Atlántico, apoyándose para ello en el Frente Polisario, al fin y l cabo es su creación y se pone de manifiesto —una vez más— que ni al Polisario ni a Argelia les importan los saharauis, los utilizan como moneda de cambio.

El proceso pasó por un segundo Plan Baker que fue aprovechado por Argelia y el Frente Polisario para hacer sus particularísimas interpretaciones, pero, en realidad, es partir de ese momento cuando El Polisario y Argelia optan por una diplomacia paralela, orientada más al manteni-miento del conflicto mediante acciones violentas, manifes-taciones, organización de intifadas para tratar de lograr que la imagen de Marruecos, decaiga por su obligación a ac-tuar. Así, las manifestaciones organizadas por el Polisario a Tifariti, parte integrante del Sáhara marroquí, situada fuera del muro de seguridad, a treinta kilómetros de Smara, te-nían como objetivo provocar a Marruecos.

El desfile militar, en el cual han sido exhibidas armas pesadas constituye una violación del alto el fuego procla-mado bajo los auspicios de las Naciones Unidas en sep-tiembre del 1991.

La implicación de Argelia es clarísima, lo mismo que su implicación en mantener a los saharauis confinados en los campamentos de Tinduf, después de que cientos de ellos hayan decidido abandonarlos. No es ni más, ni menos, que buscar una nueva escalada de enfrentamientos, ahora que a nivel internacional el Frente Polisario está siendo puesto en su sitio y que en países como España, aunque tímidamente, empiezan a contarse 'las verdades del barquero': El Frente

Polisario es un ente antidemocrático que dictatorialmente opera sobre la cada vez más escasa población que son capaces de controlar, y cuando se oyen voces, cada vez más potentes de que debe ser apartado de las negociaciones. Al tiempo, la propuesta del Plan de Autonomía del Reino de Marruecos, es la única solución que se ofrece como razonable, porque el Polisario y Argelia no han mostrado nada, no han modificado sus posiciones, como debe hacerse en cualquier negociación y, además, el Polisario amenaza a Francia, e incluso a la Misión de la Minurso.

3. Una autonomía ampliada y constitucionalmente garantizada

La propuesta de autonomía se inició en el año 2005 por medio de un proceso democrático de consultas previas:

Como primera etapa de este proceso, Su Majestad el Rey Mohamed VI, en su discurso del 6 de noviembre de 2005, invitó a los diferentes partidos políticos a presentar propuestas relativas al plan de autonomía para el Sáhara.

Con motivo de la conclusión de su visita a la región, Su Majestad el Rey, en su discurso pronunciado el 25 de marzo de 2006, inició la segunda y última etapa de esta proceso de reforma y renovación del Consejo real consultivo para los asuntos saharauis (CORCAS) que integra en su nueva composición a representantes tradicionales de las tribus saharauis, electos municipales, regionales y nacionales , personalidades del mundo político y económico, nuevas elites de jóvenes y mujeres de la sociedad civil y del sector académico, ofreciendo así todas las garantías de una amplia representación de todos los sectores de la población.

El nuevo consejo real consultivo para los asuntos saharauis asiste a su Majestad el Rey en todos los temas relativos a la defensa de la integridad territorial y la unidad nacional , la promoción del desarrollo económico y social de las provincias del sur de Marruecos y la preservación de su identidad cultural, y en el marco de estas atribuciones , el CORCAS ha sido encargado de emprender una reflexión serena y profunda , para recabar los puntos de vista de todos los saharauis , tanto en la región como fuera de ella, sobre el proyecto de autonomía previsto para estas provincias.

El discurso real constituyó, en definitiva, una nueva fase en el proceso de la consulta necesaria para la elaboración de un proyecto de amplia autonomía constitucionalmente garantizada, que se inscribe perfectamente tanto en el proceso de democratización de la sociedad y participación de todas las fuerzas vivas como en el plan de desarrollo humano fundado sobre la movilización de todas las energías del país.

4. Esta es la propuesta de Autonomía

Pero en qué consiste la propuesta de autonomía planteada a Naciones Unidas para acabar con el diferendo del Sáhara Occidental. Pues la apuesta más generosa que a lo largo de estos más de treinta años está sobre el tapete de la negociación, al igual que los derechos humanos de los saharauis en los campos de confinamiento de Tinduf.

Conozcamos la propuesta y hablemos al final:

El plan de autonomía propuesto por Marruecos a la ONU, constituye una solución realista, serena y, viable para salir del atolladero del problema del Sáhara. Este proyecto es el resultado de las consultaciones entre los saharauis miembros del consejo real consultativo de los asuntos del Sáhara (CORCAS).En este consejo, participan el conjunto de las tribus saharauis, que establecieron una hoja de ruta, sometiéndola a Su Majestad el Rey, para preparar un proyecto de autonomía, que toma en cuenta las especificidades culturales, históricas y económicas de las provincias del sur.

Es con la participación de todas las partes concernientes que, el Reino de Marruecos, tras una iniciativa real, presenta pues el proyecto de autonomía para el Sáhara. He aquí el texto íntegro de esta Iniciativa:

INICIATIVA MARROQUÍ PARA LA NEGOCIACIÓN DE UN ESTATUTO DE AUTONOMÍA DE LA REGIÓN DEL SÁHARA

I- El compromiso de Marruecos a favor de una solución política definitiva:

1- Desde 2004, el Consejo de Seguridad llama regularmente a "las partes y a los Estados de la región a seguir cooperando plenamente con la ONU para poner fin al actual callejón sin salida y progresar hacia una solución política".

2- En respuesta a esta llamada de la comunidad internacional, el Reino de Marruecos se ha inscrito en una dinámica positiva y constructiva, comprometiéndose a someter una iniciativa para la negociación de un estatuto de autonomía de la región del Sáhara, en el marco de la soberanía del Reino y de su unidad nacional.

3- Esta iniciativa se inscribe en el marco de la edificación de una sociedad democrática y moderna, fundada sobre el Estado de derecho, las libertades individuales y colectivas y el desarrollo económico y social. Como tal, esta iniciativa es portadora de la promesa de un futuro mejor para las poblaciones de la región, pone fin a la separación y al exilio, y favorece la reconciliación.

4- Mediante esta iniciativa, el Reino de Marruecos garantiza a todos los saharauis, estén en el exterior o en el interior, el lugar y el papel que completamente les corresponde, sin discriminación ni exclusión alguna, en las instancias e instituciones de la región.

5- De este modo, las poblaciones del Sáhara administrarán por sí mismas y de manera democrática sus asuntos, a través de los órganos legislativo, ejecutivo y judicial, dotados de competencias exclusivas. Asimismo, dispondrán de los recursos financieros necesarios para el desarrollo de la región en todos los dominios y participarán, de un modo activo, en la vida económica, social y cultural del Reino.

6- El Estado conservará sus competencias en los dominios de regalía particularmente en lo relativo a la defensa, a las relaciones exteriores y a las atribuciones constitucionales y religiosas de Su Majestad el Rey.

7- La iniciativa marroquí, inspirada en un espíritu de apertura, se propone crear las condiciones de un proceso de diálogo y de negociación que desemboque en una solución política mutuamente aceptable.

8- El estatuto de autonomía, resultante de las negociaciones, será sometido a una consulta mediante referéndum de las poblaciones concernidas, conforme al principio de la autodeterminación y de las disposiciones de la Carta de las Naciones Unidas.

9- En esta perspectiva, Marruecos lanza una llamada a las demás partes con el fin de aprovechar esta ocasión que se brinda para escribir una nueva página en la historia de la región, manifestando su disposición de emprender una negociación seria y constructiva, sobre la base del espíritu de esta iniciativa, y de aportar su contribución a la instauración de un clima de confianza.

10- Con esta finalidad, el Reino sigue dispuesto a cooperar plenamente con el Secretario General de la ONU y su Enviado Personal.

II Los elementos básicos de la propuesta marroquí:

11- El proyecto marroquí de autonomía se inspira en las propuestas pertinentes de la ONU y en las disposiciones constitucionales en vigor dentro de los Estados geográfica y culturalmente próximos de Marruecos, e integra normas y estándares internacionales reconocidos.

Las Competencias de la región autónoma del Sáhara

12- Dentro del respeto de los principios y de los procedimientos democráticos, las poblaciones de la región autónoma del Sáhara, actuando a través de órganos legislativo, ejecutivo y judicial, dentro de los límites territoriales de la Región, tendrán la competencia sobre todo en los dominios:

• de la administración local, de la policía local y de las jurisdicciones de la Región;

• económico: El desarrollo económico, la planificación regional, el fomento de las inversiones, el comercio, la industria, el turismo y la agricultura;

• de los presupuestos y la fiscalidad de la Región;

• de las infraestructuras: el agua, las instalaciones hidráulicas, la electricidad, los trabajos públicos y el transporte;

• social: la vivienda, la educación, la sanidad, el empleo, el deporte, la seguridad y la protección sociales;

• cultural, incluida la promoción del patrimonio cultural saharaui hasaní;

• del medio ambiente.

13- La región autónoma del Sáhara dispondrá de los recursos financieros necesarios para su desarrollo en todos los dominios. Estos recursos serán constituidos sobre todo por:

• los impuestos, tasas y contribuciones territoriales fijados por los órganos competentes de la Región;

• los ingresos destinados a la Región por la explotación de sus recursos naturales;

• la parte de los ingresos de los recursos naturales situados en la Región y percibidos por el Estado;

• los recursos necesarios concedidos en el marco de la solidaridad nacional;

• los ingresos procedentes del patrimonio de la Región.

14-El Estado conservará la competencia exclusiva, particularmente sobre:

• los atributos de soberanía, especialmente la bandera, el himno nacional y la moneda;

• los atributos relacionados con las competencias constitucionales y religiosas del Rey, Emir de los Creyentes y Garante de la libertad de culto y de las libertades individuales y colectivas;

• la seguridad nacional, la defensa exterior y de la integridad territorial;

• las relaciones exteriores;

• el orden jurisdiccional del Reino;

• el régimen de exploración y de explotación de los recursos naturales.

15- La responsabilidad del Estado, en lo que se refiere a las relaciones exteriores, será ejercida en consulta con la Región autónoma del Sáhara, para lo que atañe las cuestiones que guardan relación directa con las atribuciones de esta Región. La Región autónoma del Sáhara, en concertación con el Gobierno, puede establecer lazos de cooperación con Regiones extranjeras a fin de desarrollar el diálogo y la cooperación interregional.

16- Las competencias del Estado en la Región autónoma del Sáhara, tal y como prevé el apartado 16 arriba mencionado, serán ejercidas por un Delegado del Gobierno.

17- Por otra parte, las competencias que no son atribuidas específicamente serán ejercidas, de común acuerdo, sobre la base del principio de subsidiaridad.

18- Las poblaciones de la Región autónoma del Sáhara es representada en el seno del Parlamento y de las demás instituciones nacionales. Participa en todas las consultas electorales nacionales.

Los órganos de la Región:

19- El Parlamento de la Región autónoma del Sáhara estará compuesto de miembros elegidos por las diferentes tribus saharauis, y de miembros elegidos por sufragio universal directo por el conjunto de la población de la Región. La composición del Parlamento de la Región autónoma del Sáhara deberá comprender una representación femenina apropiada.

20- El poder ejecutivo de la Región autónoma del Sáhara será ejercido por un Jefe de Gobierno elegido, por el Parlamento regional. Es investido por el Rey. El Jefe del Gobierno es Representante del Estado en la región.

21- El Jefe del Gobierno de la Región autónoma del Sáhara forma el gobierno de la Región y nombra a los administradores necesarios para ejercer los poderes que les son atribuidos en virtud del estatuto de autonomía. Es responsable ante el Parlamento de dicha Región.

22- Determinadas jurisdicciones pueden ser creadas por el Parlamento regional con el fin de estatuir sobre los litigios nacidos de la aplicación de las normas fijadas por los órganos competentes de la Región autónoma del Sáhara. Sus decisiones serán pronunciadas con toda independencia, en nombre del Rey.

23- El Tribunal Regional Superior, la más alta jurisdicción dentro de la Región autónoma del Sáhara, estatuye, en última instancia, sobre la interpretación de la Ley de la Región, sin perjuicio de las competencias del Tribunal Supremo y del Consejo constitucional del Reino.

24- Las leyes, los reglamentos y las decisiones de justicia que emanan de los órganos de la Región autónoma del Sáhara, se deben ajustar al estatuto de autonomía de la mencionada Región y a la Constitución del Reino.

25- Las poblaciones de la Región se beneficiarán de todas las garantías que aporta la Constitución marroquí en materia de derechos humanos, tal y como son universalmente reconocidos.

26- La región autónoma del Sáhara dispondrá de un Consejo económico y social que comprende a los representantes de los sectores económicos, sociales, profesionales y asociativos, así como a personalidades altamente cualificadas

III- Proceso de aprobación y de aplicación del estatuto de autonomía

27- El estatuto de autonomía de la Región será objeto de negociaciones y se someterá a una libre consulta mediante referéndum de las poblaciones concernidas. Este referéndum constituye, conforme a la legalidad internacional, a la Carta de las Naciones Unidas y a las resoluciones de la Asamblea General y del Consejo de Seguridad, el libre ejercicio, por estas poblaciones.

28- Con esta finalidad, las partes se comprometen a obrar conjuntamente y de buena fe a favor de esta solución política y de su aprobación por las poblaciones del Sáhara.

29- Además, la Constitución marroquí será revisada y el estatuto de autonomía se incorporará a la misma como prueba de su estabilidad y de su lugar particular dentro del ordenamiento jurídico nacional.

30- El Reino de Marruecos tomará todas las medidas necesarias con el fin de asegurar a las personas que serán repatriadas una reinserción completa en el seno de la colectividad nacional, dentro de condiciones que garantizan su dignidad y seguridad, y la protección de sus bienes.

31- Con esta finalidad, el Reino adoptará, sobre todo, una amnistía general que excluye cualquier diligencia, arresto, detención, encarcelamiento o intimidación de cualquier naturaleza que sea, fundándose sobre hechos objeto de la amnistía.

32- Tras el acuerdo de las partes sobre el proyecto de autonomía, un Consejo transitorio compuesto por sus representantes, aportará su concurso a la repatriación y a las operaciones de desarme, desmovilización y reinserción de los elementos armados que se encuentran en el exterior del territorio así como a cualquier acción que tenga por finalidad la aprobación y la aplicación del estatuto, incluidas las operaciones electorales.

33- Igual que los miembros de la Comunidad internacional, el Reino de Marruecos hoy está convencido de que la solución del diferendo sobre el Sáhara, solo puede ser el fruto de una negociación. Con este ánimo, la propuesta que presenta a las Naciones Unidas constituye una oportunidad real capaz de favorecer unas negociaciones que tengan por finalidad alcanzar una solución definitiva a este diferendo, en el marco de la legalidad internacional y sobre la base de arreglos que se conforman con los objetivos y principios contenidos en la Carta de la ONU.

34- En este marco, Marruecos se compromete a negociar, de buena fe, dentro de un espíritu constructivo de apertura y de sinceridad, a fin de alcanzar una solución política definitiva y mutuamente aceptable a este diferendo del que la región adolece. A este efecto, el Reino está dispuesto a aportar una contribución activa al establecimiento de un clima de confianza que podrá conducir al éxito de este proyecto.

35- El Reino de Marruecos alberga la esperanza de que las demás partes apreciarán el significado y el alcance de esta propuesta, juzgándola en su justo valor y aportándole una contribución positiva y constructiva. El Reino considera que la dinámica engendrada por esta iniciativa ofrece una oportunidad histórica para resolver definitivamente esta cuestión.

Desde que se conoció la propuesta de solución, la posición de Marruecos se ha visto respaldada a nivel internacional por líderes mundiales, altos responsables de los gobiernos más importantes del mundo del que debemos dar cuenta para hacernos una idea, de una vez por todas, que los que escribimos sobre la marroquinidad del Sáhara, ni somos bichos raros —aunque lo hagamos desde España— frente a lobbies de poder muy influyentes que contraatacan de manera organizada cualquier expresión en este sentido:

La presidenta de la potente Comisión de inteligencia en el Senado norteamericano, Dianne Feinstein, calificó el plan marroquí de autonomía en el Sáhara, bajo soberanía marroquí, de «solución realista y llena de sentido común», informó el viernes *The Hill Newspaper*.

Feinstein, quien se entrevistó con el jefe de la diplomacia norteamericana, Hillary Clinton, respecto a la cuestión del Sáhara, afirmó «estar sobre la misma onda en torno a este tema con la Secretaria de Estado», recordando que «Marruecos siempre fue un aliado seguro de Estados Unidos».

Con este motivo, Feinstein y Clinton reiteraron su apoyo a una solución política a la cuestión del Sáhara, en el marco de los esfuerzos de las Naciones Unidas, añade la publicación, que ha calificado de acontecimiento "raro" el hecho de que una mayoría bipartidaria en el senado haya aportado su apoyo a una solución al conflicto del Sáhara sobre la base de la iniciativa marroquí de autonomía.

La presidenta de la Comisión de inteligencia en la Alta Cámara del Congreso, quien encabeza la lista de los 54 senadores que habían firmado esta carta dirigida recientemente a Clinton, alabó además la voluntad sincera del Reino de encontrar un arreglo a este conflicto sobre la base de autonomía.

«Es prioritario para Estados Unidos apoyar la resolución del conflicto del Sáhara basándose en esta fórmula», destaca la carta firmada por esta mayoría del Senado americano, cuyos autores se declararon "especialmente preocupados por el constante crecimiento de la inestabilidad en el norte de África", debido "a la multiplicación de las actividades terroristas".

Varios observadores americanos habían considerado que esta carta constituye "un apoyo importante e inequívoco" a la propuesta del Reino, sobre todo que fue expresado por personalidades influyentes del Senado.

Otros recordaron que esta gestión bipartidaria "muy importante" se enmarca conforme a la carta dirigida, el año pasado, al presidente Barack Obama por no menos de doscientos veintinueve miembros de la Cámara de representantes y muestra «la adhesión de la que fue objeto esta propuesta en Estados Unidos independientemente de las tendencias políticas». Otros destacaron el enfoque "inclusivo" de la iniciativa marroquí de autonomía en el Sáhara bajo soberanía marroquí.

Fuente: MAP

El embajador de Francia en Marruecos, Bruno Joubert, afirmó que el plan de autonomía propuesto por Marruecos constituye «un paso adelante importante hacia el arreglo del contencioso» del Sáhara.

En una entrevista publicada, por el diario marroquí *Le Matin du Sáhara et du Maghreb*, Joubert subrayó que «Francia, en tanto que miembro permanente del Consejo de Seguridad, seguirá obrando a favor de una solución política, única apta a ofrecer una salida a la situación actual».

El embajador francés declaró que «Marruecos desplegó esfuerzos serios y creíbles», antes de añadir que Francia, que le alienta a seguir en esta vía, «no descuidará ningún camino que permita ir adelante, considerando que la iniciativa marroquí ofrece un marco y perspectivas serias».

Tratándose de las relaciones marroquí-francesas, Joubert subrayó que «estas relaciones se basan en «antiguos lazos de amistad entre nuestras dos naciones como entre nuestros dos pueblos, relaciones estrechas, modeladas, especialmente, por una historia común, y también por una imbricación sin igual de nuestras poblaciones respectivas.

»Esta relación, excepcional por su densidad, debe ser puesta en marcha al servicio de la ambición del desarrollo que caracteriza la política de vuestro país, bajo el impulso de Su Majestad el Rey Mohammed VI", prosiguió el embajador francés, subrayando que "Francia desea acompañar las grandes reformas estructurales emprendidas por Marruecos».

Respecto a la Unión para el Mediterráneo, Joubert indicó que «Marruecos optó por un arraigamiento estratégico a Europa», antes de añadir que Marruecos y Francia, »fuertes de su partenariado, compartiendo una relación excepcionalmente densa, están en condiciones de contribuir eficazmente al desarrollo del espacio euro-mediterráneo.

»A pesar de los obstáculos, la Unión para el Mediterráneo permanece un proyecto portador de sentido, que debe contribuir a hacer del espacio euro mediterráneo un espacio de paz, estabilidad y prosperidad para los pueblos de las dos orillas», estimó.

Fuente: MAP

El semanario *Al Moharrir Al Arabi*, editado en Beirut, criticó la posición de Argelia sobre la cuestión de la unidad territorial de Marruecos, destacando que a través de su apoyo al Polisario, Argelia se coloca como «parte del separatismo, la fragmentación y desintegración de las filas».

El semanario escribió esta semana que «es triste observar que Argelia, país de un millón de mártires, la libertad, la unidad y el arabismo, se convierta en un hogar para los partidarios del separatismo».

El redactor político de la revista destaca que «el Polisario quiere, bajo la etiqueta de la independencia, separar una parte de Marruecos de su organismo, afirmando que el mundo árabe ha sufrido durante mucho tiempo y todavía sufre las consecuencias de la fragmentación. La política árabe de Argelia», continúa el autor, «hace el juego de la división y la fragmentación y reaviva la secesión de una parte del territorio marroquí de la patria para una independencia incomprensible».

El semanario subraya que el Sáhara es una parte integrante de Marruecos y que cualquier apoyo al separatismo podría utilizarse para fomentar otras llamadas al separatismo, latentes en un mundo árabe dividido.

Y de concluir que no se pueda descartar que llegue un día en que algunas personas o regiones de Argelia reclaman el separatismo y la independencia, preguntándose «si tenemos que apoyar esa reclamación».

«No está permitido jugar con las causas y los fundamentos constantes», subraya el periódico, señalando que «la marroquinidad del Sáhara es, en efecto, parte de estos fundamentos constantes y de estas causas sagradas».

El enviado personal del secretario general de las Naciones Unidas para el Sáhara, Peter Van Walsum, ha criticado a la sociedad civil española por haber incitado al Polisario a apostar por la independencia y contribuido a «prolongar la agonía» de los secuestrados en los campos de Tinduf, suroeste de Argelia.

«A aquellos españoles que se preocupan de corazón por el bienestar de los saharauis les aconsejo que se pregunten si actúan correctamente animando al Polisario a apostar a toda costa por la plena independencia», afirmó Van Walsum en una entrevista concedida al diario español *El País*.

El enviado personal del secretario general de la ONU abogó por la búsqueda de «una solución consensuada inspirada en la realidad sobre el terreno» y puntualizó que la realidad política in situ «está en manos de Marruecos».

Desde junio de 2007, delegaciones de Marruecos, el Polisario, Argelia y Mauritania participaron, en Manhasset, cerca de Nueva York, en cuatro rondas de negociaciones bajo los auspicios de las Naciones Unidas en presencia de Van Walsum en su calidad de facilitador de las negociaciones.

En un informe presentado el 15 de abril pasado ante el Consejo de Seguridad, Van Walsum había descartado la opción de "la independencia" predicada por el Polisario y Argelia, calificándola de "irrealista" e "irrealizable".

La propuesta marroquí de autonomía es «una propuesta sabia y razonable para salir del impasse respecto al dossier del Sáhara», subrayó el exministro francés de Cultura y Educación, Jack Lang.

«Apoyo la propuesta marroquí de autonomía del Sáhara. Es una solución sabia y razonable para salir del impasse», indicó Lang en una entrevista publicada, por el diario marroquí *Aujourd'hui le Maroc*.

Por otra parte, el exresponsable francés expresó su apoyo a la petición de Marruecos de un estatuto avanzado con la Unión Europea, antes de desear que el Reino "sea asociado lo más estrechamente posible a la Unión Europea, conservando al mismo tiempo su integridad".

Evocando el Festival Cultural Internacional de Asila en el cual ha tomado parte en la 23 edición de la Universidad de verano Al Moatamid Ibn Abbad, Lang saludó el mensaje real dirigido a los participantes al coloquio de La Alianza de las Civilizaciones.

En su opinión, este mensaje traduce «una fuerte aspiración hacia un mundo nuevo y equitativo, basado, particularmente, en una alta visión inteligente y humanitaria donde la participación de personas dotadas de un profundo conocimiento (...) puede contribuir a enriquecer y acelerar el proceso de cambio y de desarrollo al cual aspiran todas las naciones».

«Marruecos es un país de excepción y en plena efervescencia cultural, social y económica. Es una tierra de confianza, de coexistencia de las diferentes culturas y religiones», añadió.

La ciudad de Asila es el laboratorio intelectual del futuro en este sentido donde se permiten todas las reflexiones, se plantean las cuestiones, y se suprimen las fronteras, destacó Lang añadiendo que «el futuro no puede ser construido sin que haya esta libertad de reflexión» y que «la creación y la creatividad se alimenten del espíritu de libertad».

La independencia de Sáhara no es viable y única la autonomía «permitiría avanzar en la resolución de un conflicto que dura desde más de treinta años», afirmó, el periódico canario *La Provincia*.

En un artículo firmado por Francisco Pomares, el periódico recordó que el enviado personal del secretario general de la ONU para Sáhara, Peter Van Walsum, lo había dicho claramente cuando afirmó que la independencia de Sáhara no es una opción realista.

«No es la primera vez que un enviado especial de las Naciones Unidas habla con esta claridad, sino es la primera vez en que lo hace en un informe enviado al Consejo de seguridad», subrayó Pomares, que fue director del periódico *La Opinión de Tenerife*.

«Lo que dijo Peter Walsum es la verdad pura», y continuando evocando la autodeterminación solo perpetuaríamos una situación de injusticia por otros treinta años más, afirmó, considerando que «puede ser que el momento ha llegado para comenzar a cambiar de discurso».

La iniciativa marroquí de autonomía en el Sáhara en el marco de la soberanía nacional del Reino, ofrece "una perspectiva política y una solución lógica" a un conflicto que duró más de treinta años, escribió el periódico jordano *Al Ra'i*.

En un artículo del escritor Mohamed Abu Hazim, el periódico hizo hincapié en que Marruecos ha presentado el proyecto de autonomía como una iniciativa pacífica para el arreglo de la cuestión del Sáhara, de acuerdo con las propuestas de las Naciones Unidas y las normas internacionalmente reconocidas en relación con este asunto.

Cualquier observador de la política marroquí puede constatar que se distingue por la serenidad y discernimiento, en particular cuando se trata de la integridad territorial, dijo el autor, haciendo hincapié en que el diálogo sereno y el hecho de no ceder a las provocaciones «son cualidades más relevantes de la política marroquí».

A título de ejemplo, Abu Hazim cita la reivindicación pacífica de Marruecos en lo relativo a los Presidios de Ceuta y Melilla ocupados por España.

La Marcha Verde organizada en 1975 para la recuperación del Sáhara constituye uno de los principales pilares de la unanimidad nacional acerca de la integridad territorial, y la cuestión del Sáhara es un punto de encuentro para todos los marroquíes.

Argelia es parte del conflicto, hizo hincapié el autor del artículo, refiriéndose en este sentido al cierre de sus fronteras con Marruecos, a pesar de los lazos de vecindad y pertenencia compartida a la cultura árabe-islámica.

El expresidente tunecino, el difunto Habib Burguiba (1957-1987) consideraba como un "problema artificial" el conflicto en torno a la cuestión Sáhara que opone desde 1975 Marruecos a los separatistas del Polisario, apoyados por Argelia.

Así lo afirmó el antiguo ministro tunecino de Interior, Taher Beljuya en testimonios publicados por el diario tunecino arabófono *Al-churuq* en un dossier a las relaciones entre tres países magrebíes (Túnez, Marruecos y Argelia).

Beljuya explicó al respecto que Argelia se empeñó «en imponer y reforzar tal entidad» (en alusión a la pretendida RASD) después de la creación del Polisario y su implantación en el territorio argelino.

Tras haber recordado que desde aquel entonces, Argelia «no ha dejado de llevar campaña a favor de esta organización y para hacer reconocer una entidad política ficticia», el exresponsable tunecino subrayó que «Marruecos siempre ha trabajado para hacer frente a estas evoluciones», debido a que el Reino tiene la firme convicción de que la región sahariana formaba parte del Reino, antes de la ocupación española.

El exministro de Burguiba ha confiado que Túnez ha procurado, a su vez, que «los dos hermanos (Marruecos y Argelia) lleguen a una solución consensual» del conflicto del Sáhara.

«En realidad, Burguiba consideraba que la cuestión del Sáhara es un problema artificial. Es una región que estaba poco poblaba. Y de hecho, se trata de un diferendo creado de todas piezas», agregó Beljuya.

Rabat presentó en abril de 2007 a la ONU un proyecto de autonomía para la región del Sáhara, como base de negociación para hallar una solución política a esta cuestión.

Este proyecto otorga a la población de esta región amplias competencias en la gestión de sus asuntos locales en el marco de la soberanía y la integridad territorial del Reino.

La iniciativa marroquí de conceder una amplia autonomía a las provincias sureñas «ha generado una dinámica como alternativa al actual estancamiento de este diferendo, que opone desde 1975 Marruecos a los separatistas del Polisario, apoyados por Argelia», subrayó el diario panameño *La Estrella de Panamá*.

Este rotativo evocó, por otra parte, dos alternativas: «prolongar un drama humanitario que ha durado demasiado en los campos de Tinduf en el sur de Argelia o conjurar el conflicto poniendo a prueba la propuesta autonómica marroquí y abonar el camino hacia una paz genuina y duradera para esta región del norte de África».

A propósito de la amenaza por parte del Polisario de retomar las armas «contradice los principios de la negociación», destacó el diario, antes de subrayar que «en realidad es Argelia quien tiene la última palabra en este diferendo como principal soporte financiero y logístico del Polisario».

Por otra parte, la publicación recordó que la mayoría de los países latinoamericanos y africanos «abogaron por una solución política al diferendo» del Sáhara, como una demostración de neutralidad en el proceso de negociación y han optado por el «congelamiento o retiro» de su reconocimiento de la pretendida RASD, cuando Europa, principalmente España y Francia, junto con Estados Unidos, «se han pronunciado a favor» del proyecto de la autonomía marroquí.

Marruecos presentó a la ONU un proyecto de autonomía para la región del Sáhara, que otorga a la población local amplias competencias para la gestión de sus asuntos en el marco de la soberanía e la integridad territorial del Reino.

El diario egipcio *Al Ahram* destacó, el domingo, la importancia de llegar a una "solución mediana" para el Reglamento de la cuestión del Sáhara, una salida que «traduce el sentido del realismo político y los hechos in situ».

Esta solución permitirá «realizar el mínimo de las solicitudes de Marruecos en materia de conservación de su integridad territorial» y garantizará a las poblaciones del Sáhara el derecho «a expresar sus especificidades culturales y civilizacionales y administrar sus propios asuntos», según el diario.

Eso ayudará «no solo a poner fin a este problema sino también a normalizar y promover las relaciones entre Marruecos y Argelia y, por consiguiente, reactivar a la Unión del Maghreb Árabe».

«No cabe duda de que esta solución mediana se encuentra entre las manos de Marruecos y Argelia, que son los dos principales protagonistas de la ecuación capaces, según una voluntad política, llegar a un acuerdo con respecto a una solución pacífica y definitiva para la cuestión del Sáhara», dijo *Al Ahram*.

Para la publicación, Argelia, que sostiene el Polisario y acoge a sus dirigentes, ve en el arreglo de la cuestión del Sáhara «una amenaza para su influencia regional», sobre todo que «se dedica a disponer de una salida sobre el Atlántico para sus exportaciones petrolíferas».

El referéndum, que había sido propuesto por las Naciones Unidas, tropezó con «verdaderas complicaciones», debido a divergencias sobre la determinación de las personas que tienen derecho a participar en esta operación, recuerda el Diario, señalando que esta situación «ha acorralado la organización internacional para reconocer la dificultad de aplicar esta opción».

Fuente: MAP

La cuestión de Sáhara siempre ha sido abordada en términos de derecho internacional, mientras que otras dimensiones importantes como los lazos sociales que existen entre las poblaciones de Sáhara y el resto de la sociedad marroquí no fueron objeto de la atención que merecen, estima el profesor Mohamed Cherkaoui, para él que erigir fronteras entre Sáhara y el resto de Marruecos es «sociológicamente absurdo».

En una tribuna, publicada el miércoles el diario *Washington Times*, Mohamed Cherkaoui, director de investigación en el Centro Nacional de la Investigación científica (CNRS-Francia), afirma que la región conocería una tragedia humana si estos lazos sociales vinieran a ser quebrados, explicando que «sin Sáhara, la historia de Marruecos es incomprensible, y sin Marruecos, Sáhara no es nada más solo un desierto».

Autor de un estudio sociológico y geopolítico sobre Sáhara, titulada «Sáhara: Lazos sociales y retos geoestratégicos», del cual es sacada esta tribuna, Cherkaoui precisa que las conclusiones sobre la integración de las poblaciones saharauis en el tejido social marroquí son el fruto de un análisis que se refirió a todos los datos demográficos, económicos y sociológicos de las cuatro últimas décadas y utilizó los métodos estadísticos y matemáticos más refinados.

«Todas las conclusiones de este estudio llevan hacia la misma dirección, la de la emergencia y la consolidación de una red densa de lazos sociales y económicos que integran las provincias de Sáhara, los ayudaron a salir de la indigencia donde se encontraban durante la colonización, y les permitieron acceder a la modernidad gracias a una política de discriminación positiva eficaz», subraya Cherkaoui, que es también miembro de comités de redacción de varias revistas internacionales.

Poniendo de relieve el impacto del papel del poder público en el mejoramiento del bienestar de las poblaciones saharauis en diversos dominios, el autor de la tribuna menciona la reducción de los índices de pobreza que son, escribe, «los más bajas al nivel nacional», y los indicadores del desarrollo social y humano que son «innegablemente los más altos de todo el Reino».

Para consolidar sus argumentos, Mohamed Cherkaoui menciona así el índice elevado de escolarización y el número de los establecimientos escolares en las provincias de Sáhara que contaban solo unas escuelas primarias y ningún establecimiento secundario del tiempo de la colonización.

No obstante, para el autor, el mejor indicador de la integración social en las provincias saharianas es sin duda el intercambio matrimonial, una conclusión a la cual llegó después de haber llevado una investigación y análisis de unos treinta mil contratos concluidos desde principios del año 1960 al 2006.

El resultado "sorprendente" de este estudio sobre el matrimonio endogámico y exogámico en Sáhara mostró que el índice de los matrimonios endogámicos no había dejado de bajar pasando 97% a 55% durante cuarenta años cubiertos por el estudio.

«Erigir fronteras entre el Sáhara Occidental y otras provincias del sur es absurdo sociológicamente», afirma

Cherkaoui antes de perseguir que «las poblaciones de Sáhara consideran a otros Saharauis miembros de sus propias familias».

«Toda tentativa de separar a familias entre dos entidades políticas sería socialmente, políticamente y moralmente perjudicial para los derechos humanos de estos individuos y para su voluntad evidente de vivir juntos», asegura el autor.

Los campos de Tindouf, en Argelia, son un «santuario de no derecho y de negación de la humanidad, donde continúan rigiendo con rigor prácticas dignas de la triste célebre época de la trata de negros», afirma el periódico malí *L'Aube*.

Comentando el informe de 2007 de los Estados Unidos sobre esclavitud, el periódico malí afirma que dentro de los campos, situados en el territorio argelino, el «Polisario se entrega a las peores exacciones en detrimento de la dignidad de la población».

«El movimiento separatista continúa violando los derechos de millares de niños, que deporta sistemáticamente en Cuba, como medio de coerción contra sus padres en los campos de Lahmada», subraya.

Volviendo al as prácticas de esclavitud de los separatistas, el periódico cita las recientes declaraciones públicas de dos periodistas australianos, Daniel Fallshaw y Violeta Ayala, relativas a «la persistencia de esta práctica en los campos de la vergüenza».

«Ambos reporteros pudieron comprobar, durante su estancia en mayo pasado en Tinduf, la existencia de cruceros entre los siervos negros y los amos blancos», recordando que ambos periodistas han sido secuestrados por el

Polisario «para impedirles arrojar la luz sobre la realidad de la esclavitud en Tinduf».

El PSOE cree que conceder una "autonomía plena" al Sáhara Occidental "podría ser una solución" al contencioso que enfrenta desde hace treinta años a Marruecos con el Frente Polisario y Argelia y considera que al movimiento independentista «le corresponde también hacer un esfuerzo» tras los pasos dados por el Reino Alauí.

La secretaria de Relaciones Internacionales del partido, Elena Valenciano, manifestó en una entrevista con Europa Press que «de momento el Polisario mantiene una posición muy cerrada con respecto a lo que pueda ser la propuesta marroquí» de autonomía para la zona, plan que todavía está por definir, pero que excluye la independencia.

En este sentido, avanzó que el PSOE organizará, «probablemente a la vuelta de Semana Santa», un viaje a los campamentos de Tinduf (Argelia) de una delegación previsiblemente encabezada por el secretario de Movimientos Sociales y Relaciones con las ONG, Pedro Zerolo, para intentar hablar con el Polisario de «los términos de un posible acuerdo» con Marruecos.

Los socialistas, insistió, están muy interesados en "hacer entender al Polisario desde la defensa al derecho a su tierra que este es un conflicto político que dura muchísimo tiempo y que es evidente que necesita de nuevos instrumentos de negociación".

Tras advertir que la postura del Frente, que rechaza públicamente de plano el plan marroquí, «no es igual fuera que dentro», señaló que al movimiento «le corresponde también hacer un esfuerzo, a pesar de que son los que están aguantando la peor tarde».

MARRUECOS, DISPUESTO A ESCUCHAR AL PUEBLO SAHARAUI

Y es que los socialistas, explicó, sí están "viendo esfuerzos" de la parte marroquí "para avanzar en una solución". En concreto, perciben por primera vez, "en las conversaciones mantenidas sobre el plan", una "apertura mayor" a "escuchar a las partes".

Es decir, con respecto a la «posibilidad de hablar en algún momento de alguna consulta» al pueblo saharaui, relató Valenciano, quien precisó que esto no quiere decir que «figure ya en la propuesta el compromiso de una consulta».

No obstante, señaló que el plan marroquí debe ser aún presentado ante la ONU y afirmó que «desde muchos ámbitos se está influyendo para que acabe conteniendo todos los elementos que permitan seguir avanzando en el diálogo».

Preguntada sobre si el Gobierno, cuando defiende la autodeterminación para el pueblo saharaui, está pensando solo en una autonomía o también en la opción de la independencia, Valenciano indicó que el Ejecutivo no defiende «una fórmula concreta», sino «un acuerdo entre las partes que permita una libre determinación».

«Para nosotros, que conocemos muy bien cuál es el proceso de construcción autonómica, una autonomía plena podría ser una solución, pero hace falta que estén de acuerdo los saharauis», señaló.

A modo de resumen, Valenciano aseguró que los esfuerzos de la diplomacia «tienen que concentrarse en acercar al máximo las posiciones» y eso pasa porque, bajo su punto de vista, los saharauis «vayan recuperando su soberanía poco a poco. ¿Hasta llegar a dónde? Depende mucho de cómo se hagan las cosas, pero razonablemente tendrá que haber una transición entre la situación actual y la ideal para los saharauis que sería ser totalmente independientes», señaló.

Por otra parte, negó que el Gobierno use un "doble lenguaje" cuando el presidente José Luis Rodríguez Zapatero defiende en Rabat el plan marroquí de autonomía como "cauce" para una negociación entre las partes en el marco de la ONU y una semana después el Rey coincide con el presidente argelino, Abdelaziz Buteflika, en rechazar cualquier propuesta unilateral.

Además, precisó que el Ejecutivo no ha apoyado un plan marroquí que «niegue la posibilidad de autonomía o independencia», por lo que, según ella, no cabe sostener que el respaldo dado a la iniciativa del Reino Alauí en el sentido de que puede ser «un comienzo de acuerdo» suponga aceptar la marroquinidad del territorio.

Valenciano advirtió de otro lado de que a Marruecos también le quedan cosas por hacer. «Tiene que empezar a pensar en la posibilidad de que el Sáhara tenga su propio autogobierno», dijo.

Por último, consideró que España ha «contribuido, como otros países y operadores internacionales, Naciones Unidas particularmente, a abrir en parte la posición marroquí», pero indicó no atreverse a decir que haya «una propuesta española» en esa propuesta.

Rabat, 8 de enero de 2007. Singapur apoya los esfuerzos desplegados para encontrar una solución «justa y equitativa» a la cuestión del Sáhara, afirmó el ministro de Estado del país asiático, Goh Chok Tong.

«Apoyamos los esfuerzos desplegados con el fin de encontrar una solución justa y equitativa a la cuestión del

Sáhara», dijo Goh en una entrevista que publica el diario francófono *Le Matin du Sáhara et du Maghreb.*

El arreglo de esta cuestión aportará "una paz duradera y estable en la región", estimó el responsable singapurense quien iniciará hoy una visita a Marruecos.

En lo que se refiere a las relaciones bilaterales, Goh subrayó que la visita de Su Majestad el Rey Mohammed VI a Singapur en abril de 2005, «permitió abrir un nuevo capítulo en nuestras relaciones», y recordó que ambos países se habían comprometido a cooperar en varios ámbitos, en particular, la economía, la investigación científica y la cultura.

El responsable singapurense añadió que los dos países van a firmar un acuerdo sobre la no doble imposición, y están negociando otro relativo a la garantía de las inversiones.

Bulgaria reiteró, por voz de su embajadora en Rabat, su apoyo «a una solución definitiva y aceptable para todas las partes» de la cuestión del Sáhara que opone Marruecos al 'Polisario' con el apoyo de Argelia.

Bulgaria «seguirá apoyando los esfuerzos para que una solución definitiva y aceptable para todas las partes sea encontrada en el marco de la ONU», dijo Katya Petrova Todorova, en una entrevista que publica hoy el diario francófono *Le Matin du Sáhara et du Maghreb.*

En opinión de Petrova, «la solución de este conflicto puede ser ante todo el resultado de un acuerdo establecido por consenso y negociaciones directas entre todas las partes concernidas».

En relación con la propuesta de Marruecos de conceder autonomía al Sáhara en el marco de la soberanía marroquí, la embajadora búlgara dijo que su país «apreció el hecho de que la elaboración del proyecto resultara de las consultas con todos los partidos políticos y los representantes de todas las categorías sociales del Sáhara».

Todorova enfatizó, por otra parte, la «necesidad de dinamizar la Unión del Magreb Árabe» (UMA: Marruecos, Argelia, Túnez, Libia y Mauritania), tal como se afirmó en la reunión del Consejo de ministros de Asuntos Exteriores de la UE, recordó.

La proposición de autonomía de las provincias del sur, bajo soberanía marroquí, queda "una base seria y concreta de discusiones para el futuro del Sáhara" y para que este diferendo pueda ser resuelto de forma definitiva, afirmaron, el viernes en Marrakech (trescientos kilómetros al sur de Rabat), los miembros de una delegación del Senado francés de visita a Marruecos.

«Apoyamos la proposición del gobierno de Marruecos de una autonomía del Sáhara, bajo soberanía marroquí, que queda una base seria y concreta de discusiones para el futuro del Sáhara y para que la situación sea desbloqueada definitivamente en esta región del mundo», subrayaron los senadores franceses en una rueda de prensa al cabo de su estancia en las provincias del sur.

Igualmente hicieron saber que su visita a las provincias del sur del Reino les permitió tomar la medida de la realidad de la cuestión del Sáhara y expresar su posición clara sobre este asunto.

«Nuestra posición es el resultado y el fruto de las reflexiones de todas las sensibilidades», que forman el grupo de amistad Francia-Marruecos en el Senado francés, explicaron, antes de reiterar la posición constante de Francia en este contexto.

«Aportamos nuestro apoyo a esta proposición porque nos parece completamente concreta y es la única solución capaz de desbloquear la situación» en la región, dijeron, antes de notar que el plan propuesto por el Reino «va muy lejos en términos de autonomía».

A este efecto, recordaron que en sus recientes resoluciones y singularmente en la resolución 1920 del Consejo de Seguridad, Naciones Unidas va en el mismo sentido invitando todas las partes concernidas «a negociar seriamente para ir hacia la conclusión de este estatuto».

Tras destacar que la vía de la autodeterminación de los pueblos no es ni factible ni realizable, señalaron que «la situación de decenas de miles de saharauis que están retenidos contra su voluntad en los campos de Tinduf constituye una gran preocupación para Marruecos, Francia, Europa y de forma general para todos los países amantes de la libertad y de la democracia».

Los mismos agregaron que Francia, «patria de los derechos humanos, queda particularmente atenta a que el drama de los secuestrados en los campos de Tinduf pueda desaparecer rápidamente».

Francia, como miembro permanente del Consejo de Seguridad, ayudará a concretizar esta opción que fue recibida favorablemente por la comunidad internacional y juzgada muchas veces como «seria y lista para ser negociada», según los términos de los senadores.

«Es tiempo de que una solución concreta y realista pueda ver finalmente la luz, para que nosotros podamos poner fin a un conflicto que no debería haber existido», insistieron.

Los miembros de la delegación destacaron también que sus entrevistas con los responsables marroquíes fueron "muy útiles" y les han permitido profundizar sus conocimientos y comprender mejor la posición de Marruecos sobre su integridad territorial, estimando que el conflicto artificial acerca de la cuestión del Sáhara «"impide la construcción de un conjunto regional coherente».

Por otra parte, indicaron que su visita a las provincias del sur les ha ofrecido la oportunidad de constatar las realizaciones "excepcionales y ambiciosas" cumplidas en esta región, notando a este respecto que fueron "muy impresionados" por el nivel de desarrollo que estas provincias no dejan de registrar, como lo demuestran las infraestructuras de muy alta calidad (puertos, centros de formación, aeropuertos…).

Los senadores franceses destacaron los esfuerzos hechos por el Reino para hacer "esta parte del mundo viable y próspera", y se congratularon por las reformas iniciadas por Marruecos especialmente en los ámbitos de la justicia, derechos de la mujer, energía, agricultura y medio ambiente.

Igualmente recalcaron los grandes avances realizados por Marruecos en materia de libertad y de democracia.

Los miembros del grupo de amistad Francia-Marruecos expresaron su deseo de ver su país, "principal amigo de Marruecos", contribuir al proceso de desarrollo de estas regiones.

También anunciaron la elaboración de un informe a raíz de su visita a Marruecos y la organización ulteriormente de un coloquio sobre el Sáhara marroquí en el seno del Senado francés.

Y concluyeron que esta visita fue ocasión para unos intercambios particularmente "apasionantes e intensos" sobre varias cuestiones prioritarias para Marruecos como la cooperación descentralizada, el agua, el saneamiento, la organización de los poderes públicos y el medio ambiente.

PROPUESTA DE AUTONOMÍA
Esperanza para los saharauis, esperanza para el mundo

PARTE FINAL

Basta una lectura de la propuesta de Autonomía planteada por el Reino de Marruecos para comprender que esta puede ser la última oportunidad para la paz; la mejor oportunidad para miles de saharauis que quieren volver a su tierra a vivir en paz y al mismo tiempo tener un nivel de autogobierno, inspirado y homologable a los estándares internacionales, como a las autonomías españolas u otros ejemplos similares del centro de Europa.

Negar esta posibilidad a los saharauis es dejarles a la suerte de una organización como el Frente Polisario cuyas notas características son:

1.- Creación artificial por parte de los elementos más violentos del FLN argelino en los finales de los años 60 y 70.

2.- Estructura de poder endogámica, no democrática que ha dirigido con mano de hierro a una comunidad de la que parte de ella vive, sin sujeción a los derechos humanos en campos que hoy solo pueden ser calificados de campos de confinamiento, donde brilla por su ausencia cualquier respeto a la libre opinión o al ejercicio del derecho a moverse, pues, aunque son cientos los que han conseguido huir de los campos de confinamiento en Tinduf, lo cierto es que fuerzas argelinas y del Frente Polisario detienen a cualquier saharaui que trata de regresar a Marruecos.

3.- No solo la estructura de poder es endogámica y no democrática, sino que su acción sobre los saharauis se corresponde con una dictadura, donde los ciudadanos, los saharauis confinados, ni reciben información, tan solo aquella que Argelia y el Polisario consideran conveniente.

4.- El Frente Polisario, y elementos que lo integran tienen relaciones con Al Qaeda en el Magreb Islámico. La autodeterminación que exige el Polisario llevaría a la creación de un estado que rápidamente se convertiría en un estado fallido que facilitaría la entrada de grupos vinculados a la Yihad Global ordenada por Al Qaeda, ese es el mensaje del número dos de Bin Laden, ir haciéndose con espacios suficientes que permitan acabar con los cruzados —refiriéndose a España, Francia y Estados Unidos— y desde donde atacar a países apóstatas como Marruecos, Mauritania y Argelia.

Es responsabilidad de Naciones Unidas evitar que esto suceda, cualquier extensión en el tiempo de este conflicto artificial puede generar en un corto espacio de tiempo una grave inestabilidad en la zona del Magreb y por ende un alto grado de inestabilidad e inseguridad en Europa y no debiera permitirse.

Mi voz hoy se suma a la del resto de analistas internacionales y a los informes de los diferentes servicios internacionales que advierten que estamos, en estos momentos, ante la posibilidad de crear una zona segura o ante la posibilidad de abrir las puertas a un nuevo conflicto de carácter bélico con elementos de Al Qaeda.

El Consejo de Seguridad no puede dejar puertas abiertas a la violencia… si adoptara la posición del avestruz para esconder la mirada ante lo que puede venir, tendrían que ser señalados, todos ellos, como verdaderos cómplices del desastre humano, de las muertes, de los atentados que se prodigarían tanto en el Magreb como en Europa.

La ONU y las potencias deben actuar con prontitud

Finalizó hoy este pequeño libro con el que pretendo introducir, como elementos de reflexión, lo que de verdad es la actualidad en torno al conflicto del Sáhara. A lo largo de las últimas semanas, por más que a los polisarios preguntados les he demandado una propuesta esperanzadora, como mínimo, a la misma altura que la propuesta del Reino de Marruecos, la respuesta ha sido inexistente y en el mejor de los casos, ha sido una respuesta inmovilista: 'Autodeterminación e independencia', sin argumentos más que la defensa de los saharauis, un argumento falaz pues hace mucho que los dirigentes polisarios no tienen en mente a los saharauis y menos a los que están en esa especie de campos de concentración sometidos al desconocimiento de la realidad.

Hoy mismo, cuando termino de escribir, me encuentro con dos noticias, una desesperanzadora referida a Moustapha Ould Salma, exinspector general de la Policía del Frente Polisario, quien tras admitir como positiva la propuesta marroquí decidió volver al campamento en el que ha vivido desde los diez años, sabiendo las amenazas del Frente Polisario de que sería detenido. Así ha sido, detenido de manera arbitraria, sin garantías judiciales y mucho menos que observadores internacionales puedan conocer qué castigos les van a aplicar. Sus palabras días atrás fueron proféticas, los líderes el Polisario no piensan en los saharauis, nos tienen apartados de cualquier decisión, sirven a los intereses de Argelia.

De seguir así, el concierto internacional debe exigir a Argelia un comportamiento ejemplar y abandonar, por fin, las posiciones inmovilistas y —en relación con Mustapha— debe impedir que el mismo sea sometido a cualquier tipo de tortura o vejación y que su familia sea respetada.

Otra noticia es más esperanzadora y es que un grupo de más de un centenar de saharauis abandonaron en las últimas horas los campamentos, lo lograron y consiguieron huir hacia Marruecos, evitando ser arrestado por los polisarios con la ayuda de Argelia.

Si esto es respetar los derechos humanos por parte del Frente Polisario, y las Naciones Unidas y el Comité para la Defensa de los Derechos Humanos no interviene, la sociedad civil será la que tenga que adoptar decisiones de una vez por todas.

Mientras el Frente Polisario y sus secuaces planean organizar flotillas para llamar la atención y no con un fin humanitario, es mi opinión que la Media Luna Roja, con la cooperación de la Minurso, debe poder acercarse a los campos de Tinduf y con plena seguridad garantizar la salida de los mismos de todos aquellos saharauis retenidos allí, cuando conocen que tienen la oportunidad de volver a su tierra y vivir en paz, merced al Plan de Autonomía, reconocido a nivel internacional.

No hay excusa para que miles de personas sigan pasando hambrunas, persecuciones…en unos campamentos argelinos, cuando su tierra está abierta a su acogida y a ejercer un alto nivel de autogobierno, homologable al sistema español y mejorado en algunos aspectos.

En este libro, hemos insistido mucho en la dimensión de la seguridad, porque es la base para el desarrollo pacífico de las personas en su tierra y la única seguridad es la que deviene de la propuesta Marroquí.

Si la comunidad internacional no sabe o no quiere interpretar los signos que se nos están ofreciendo por parte de islamistas peligrosos que buscan penetrar completamente el Sáhara Occidental, aprovechando que aún no se ha resuelto el conflicto; los ciudadanos del mundo deberíamos poder exigir responsabilidades. La lentitud en este asunto puede dar lugar a una nueva gran zona de conflicto y debe evitarse a toda costa. Quien piense que eso es un problema de Marruecos, se equivoca, es un problema que requiere de diplomacia activa, valiente y eficaz. Hace falta ya que la Comunidad Internacional dé un paso definitivo.

¿Qué le queda a Marruecos si no se acepta su plan?

En mi opinión, defender la marroquinidad del Sáhara Occidental con los medios de legítima defensa; otra obligación es ayudar a los saharauis que están escapando de Tinduf para ofrecerles a ellos, los primeros, ser protagonistas de su futuro bajo la protección de Marruecos y en su tierra, merced a la aplicación de la propuesta de autonomía.

Exigir de la ONU un pronunciamiento claro, por parte de Argelia de no inmiscuirse en problemas internos de Marruecos y estar muy atentos a las reacciones de los grupos integristas que van a iniciar de inmediato acciones de desestabilización no solo en el Sáhara Occidental, sino dentro del país.

Volver al conflicto, en estos momentos, es una posibilidad que solo pueden frenar los propios saharauis de Tinduf, los que han sido liberados y las Fuerzas Armadas Marroquíes, cuyo fin principal es la defensa de la integridad de su territorio.

IV Comisión de Descolonización en las Naciones Unidas

Como analista independiente, fui invitado a participar como peticionario en la sesión de la Cuarta Comisión sobre Descolonización de Naciones Unidas (la intervención la pueden ver en youtube poniendo en su buscador Chema Gil). Mi intervención es una resumen de todo lo expuesto hasta ahora, que aunque pueda parecer desordenado, responde a una idea clara, poner de manifiesto en qué consiste en terrorismo yihadista, la porosidad que estamos descubriendo con elementos del Frente Polisario, los riesgos para el Magreb y la Seguridad Internacional de extenderse el conflicto y la apuesta por una solución viable, como la plateada por el Reino de Marruecos. Esta fue mi intervención —versión extensa— con respecto a la intervención como peticionario ante las Naciones Unidas:

«Buenas tardes, Sras. y Sres. Gracias por atender mi petición y por su presencia. Mi nombre es Chema Gil. Soy español, periodista y diplomado internacional Unesco en Estudios de Terrorismo y en Ciencias del Islam por el Liceus de España.

»TENGO MUCHISIMA FE en La institución internacional que hoy nos acoge porque es fundamental para la resolución de conflictos internacionales, en particular los derivados de los procesos de descolonización.

»Es nuestra intención, con la brevedad que exige este foro, poner de manifiesto varias cuestiones sobre las que la ONU —en mi humilde opinión— debería actuar con decisión, pues en cuanto al conflicto del Sáhara Occidental, muchos analistas internacionales creemos inadmisible que el FRENTE POLISARIO amenace a la comunidad internacional, de forma recurrente, con volver a las armas.

»Lo cierto y verdad es que el Frente Polisario, que fue una creación artificial del FLN argelino en los años finales de los 60 y que fue considerado como grupo terrorista por España y Estados Unidos, logró inocular el virus de la violencia entre los saharauis, ejecutando, en sus comienzos acciones terroristas contra militares y civiles españoles.

Declaró la guerra a Marruecos y Mauritania, provocando un conflicto bélico en el que los saharauis fueron utilizados para lograr intereses espurios por parte de Argelia y del propio Frente Polisario, un ente que está dominado por una estructura de poder endogámica basada en la defensa de intereses personales y tribales y que actúa de forma dictatorial.

»Basta poner como ejemplo que sus dirigentes siguen siendo prácticamente los mismos treinta y cinco años después.

»Hoy, con la guerra detenida, el Polisario ha hecho acopio de nuevo armamento, ha recibido apoyos en su deseo de desestabilizar a Marruecos por parte de países como Irán que quiere atacar el elemento central de la cohesión religiosa malekita-suní de Marruecos. Irán, un país asociado con Venezuela que, por su parte, apoya expresamente al Frente Polisario también como elemento desestabilizador no solo de Marruecos, sino del conjunto del Magreb, precisamente en unos momentos en que la democracia avanza con paso fuerte en la zona.

»El Polisario con elementos militares argelinos está violando derechos humanos fundamentales en los campamentos de Tinduf, que han terminado por convertirse en campos de confinamiento, donde no se permite la realización de inspecciones libres por parte de la Acnur.

»Recientemente, militares argelinos empleando helicópteros de fabricación rusa buscaban por la noche a los saharauis que huían, dando aviso a los comandos en tierra para que procedieran a la detención arbitraria y sin garantías judiciales de decenas de personas. Pese a ello cientos de saharauis han huido de Tinduf en el último año.

Pero pondré dos ejemplos más recientes de violación de derechos fundamentales por parte del Polisario como la detención de dos periodistas y el arresto del máximo responsable de la Policía del Polisario, Mustafa Salma, por expresar que el PLAN DE AUTONOMÍA PARA EL SAHARA, PROPUESTO por el Reino de Marruecos, sin duda alguna, era la mejor opción para solucionar el conflicto y que los saharauis, por fin, puedan vivir y trabajar en paz con sus familias en su tierra. Desde aquí quiero exigir de NACIONES UNIDAS que interese la liberación de los periodistas y de Mustafa Salma. No hacerlo sería admitir que Naciones Unidas no defiende el derecho a la libre expresión.

¿Qué pasaría si por parte de la ONU y su Comité de Seguridad no se aceptara el plan propuesto por el Reino de Marruecos?

»Pues que los enemigos de la ONU podrán volver a criticar que es una institución inútil, que siempre llega tarde, que nunca se adelanta en la evitación de grandes conflictos.

Yo soy un defensor de Naciones Unidas, único instrumento eficaz del que se han dotado los Estados para la búsqueda de la Justicia y la PAZ.

»La hipotética concesión, en una zona del Sáhara Occidental, de un Estado como el que reivindica el Frente Polisario; en contacto con la zona del Sáhel, donde quiere operar Al Qaeda en el Magreb Islámico, es abrir la puerta a un Estado Fallido, del que se apoderará rápidamente Al Qaeda —como lo hizo en Afganistán.

»Al Qaeda en el Magreb Islámico ha recibido el mandato de ser una espina clavada en la garganta de los infieles hijos de España y Francia y en los gobiernos apóstatas de Argelia y Marruecos y los analistas internacionales que nos acercamos a este conflicto coincidimos en un diagnóstico claro, se harían con las estructuras de poder de ese estado débil, fallido, para la ejecución de los planes de la yihad global, desequilibrando el conjunto del Magreb y teniendo a su alcance objetivos de su máximo interés como es Argelia, Marruecos, y España y por ende la Unión Europea; así como los intereses norteamericanos y sus aliados.

»¿Está dispuesta la ONU a aceptar que por falta de prospectiva se llegue a un nuevo conflicto, en esa zona del mundo?

»El proceso de descolonización no puede ejecutarse con los parámetros nostálgicos y obsoletos que se manejaban a finales de los años 70 del siglo pasado. Hay que resolver el conflicto con los parámetros de la realidad actual.

»Hoy la expresión autodeterminación, en una zona como el Sáhara Occidental, cobra verdadera personalidad en la propuesta de autonomía del Reino de Marruecos, en la que han participado representantes saharauis.

»Naciones Unidas, y así lo PROPONGO FORMAL-MENTE desde esta tribuna, debe abandonar el principio de que el único representante de los Saharauis es el Frente Polisario, pues la realidad, no es esa…merece la pena preguntarse a qué saharauis representa el Polisario, a los que apoyan el plan de autonomía, por lo visto no, pues los tacha de traidores, los detiene y desaparecen. Representa a los grupos tribales que se encuentran en Malí o Mauritania, tampoco. Solo representa a una parte los saharauis que viven confinados en los campamentos argelinos de Tinduf, a los que desde hace un tiempo, prohíbe salir y escapar de la situación de miseria en la que se encuentran, volviendo a su tierra. ¿A quién representa el Frente Polisario realmente? Representa intereses personales y tribales. Hoy son miles de saharauis los que viven fuera de los campamentos y a los que se excluye por el simple hecho de haber tomado una decisión. ¿Quién es el frente Polisario para conceder o no el estatus de saharaui?

»Naciones Unidas conoce la propuesta del Reino de Marruecos, Naciones Unidas ha de ser consciente de que los elementos del Frente Polisario han quedado relegados a simples vigilantes de los saharauis a los que mantienen confinados en los campos de Tinduf y a la búsqueda de recursos que en muchos casos no llegan a los saharauis.

El plan de autonomía de Marruecos garantiza mediante un proceso de organización territorial homologable al que facilitó la brillante transición española o al que existe en el centro de Europa, garantiza —decía— colmar los anhelos de miles de saharauis.

»Francia, Estados Unidos, España y otros países del mundo han felicitado la propuesta de autonomía de Marruecos, a la que se ha llegado tras intensos trabajos en los que han participado representantes saharauis.

»La ONU no puede dejar los brazos caídos por más tiempo.

»Antes de acabar quiero subrayar que tenemos delante las dos caras de una misma moneda:

»Hay una gran oportunidad para la PAZ que está puesta encima de la mesa: La autonomía; que implica un alto nivel de autogobierno por parte de los habitantes de esa zona, algo que anhelan miles de saharauis.

»Pero, por el contrario, la otra cara de la moneda es la guerra y el avance del terrorismo de Al Qaeda en el Magreb. Si el Frente Polisario volviera a las armas, con mayor rapidez se haría presente en ese conflicto el terrorismo de etiología yihadista que encarna Al Qaeda en el Magreb Islámico. No olviden que son la Franquicia de Osama Bin Laden y Al Zawahiri en todo el Sáhel, una zona vastísima en la que luchar contra ellos sería casi una misión imposible.

»La diplomacia y servicios exteriores de países como España e instituciones europeas como el European Strategic Intelligence Security Centre han puesto de manifiesto la gran porosidad existente entre Al Qaeda en el Magreb y elementos del Polisario.

»Basta como ejemplo consultar las investigaciones policiales y judiciales de Mauritania en relación con el secuestro de los cooperantes españoles.

Naciones Unidas está obligada, dentro de sus competencias y misiones a evitar los potenciales peligros que la autodeterminación de un Estado Fallido pueden acarrear, teniendo en cuenta que ese Estado —además— NUNCA EXISTIÓ.

»Yo les pido, a todos, a la propia Organización de Naciones Unidas, que no permitan que países como Argelia vuelva a ser sometida por el terrorismo, no permitan que Marruecos vuelva a sufrir atentados como los de Casa Blanca del año 2003; no permitan que países como el mío, España, vuelva a sufrir ataques contra cientos de civiles como los que se produjeron en marzo de 2004, no permitan que muera gente inocente como en los atentados de Londres, París, Nueva York o Washington.

»El término griego UTOPÍA procede del más original U-Topos, que significa, sin lugar determinado. Es decir, la utopía no es algo inalcanzable, sino algo que debemos estar construyendo de forma continua.

Pues bien, desde esa perspectiva, como hombre libre, aquí, en la sede de la utopía viva que busca la Justicia y la Paz... alzo mi humilde voz, para rogarles, para pedirles, para exigirles a todos los que puedan hacer algo, que abran sus mentes, que tengan altura de miras y sean generosos, que vean cómo puede ser el futuro, para los saharauis y para el resto de una delicada zona del mundo, en la que si no ponemos el máximo cuidado, solo lograremos violencia y muerte.

»La autonomía es una propuesta generosa, con altura de miras que garantiza la seguridad, especialmente, si todos los países y personas de buena voluntad implicados, ponen su mejor esfuerzo. Quitemos los velos de los prejuicios y actuemos de una vez por todas.

»Marruecos ha hecho un buen trabajo, con el impulso de Su Majestad Mohammed VI, al que desde aquí, desde la humildad de mi posición, agradezco y reconozco por su férrea voluntad en lograr para su país la mejor oportunidad con la que resolver este conflicto contando con el pueblo de la Hasanía.

»Marruecos es hoy la mejor ventana África al mundo por cómo está alcanzando mayores cotas de igualdad, de desarrollo social, cultural y económico, situación que con la propuesta de autonomía también será posible en el Sáhara Occidental, con los hermanos saharauis y marroquíes como AUTÉNTICOS protagonistas.

Gracias/*Sukram*».

Merece la pena recordar alguna otra intervención, como la protagonizada por el senador Gustavo Penadés, del Senado de la República Oriental del Uruguay:

«Señor presidente: Recordamos que la Comunidad Internacional reiteradamente ha convocado a las partes y a los Estados a colaborar plenamente con las Naciones Unidas con el objetivo de alcanzar una solución política, justa y duradera, a la situación del Sáhara Occidental, teniéndose para ello presente las resoluciones del Consejo de Seguridad 1754 (2007), 1783 (2007); 1813 (2008) y 1871 (2009).

»Reafirmando su compromiso en tal sentido, el Reino de Marruecos propicia, por medio de negociaciones un estatuto de autonomía para la Región del Sáhara, en el marco de la soberanía del Reino y de su unidad nacional.

»La iniciativa del Reino de Marruecos garantiza a todos los saharauis el lugar y el papel que les corresponde, sin discriminación ni exclusión alguna en todas las instancias y en todas las instituciones de la Región.

»La propuesta lleva ínsita la potencialidad de convertirse en factor determinante para abrir las puertas a un futuro esperanzador para la Región, poniendo fin a la separación, asegurando la paz y propiciando el reencuentro, en el marco de la construcción de una sociedad democrática fundada sobre el Estado de Derecho y la Plena Vigencia de los Derechos Humanos.

»Así, las poblaciones del Sáhara podrán democráticamente gestionar sus asuntos e intereses a través de órganos legislativo, ejecutivo y judicial. Además, presenta una posibilidad cierta de que la Región reciba los recursos financieros que alienten y favorezcan su desarrollo, asegurándose, también, su total e integral participación en la vida económica, cultural y social del Reino.

»La iniciativa marroquí prevé que, una vez que las negociaciones fructifiquen en un acuerdo de estatuto de autonomía plenamente aceptable para las partes, el mismo sea sometido a la consideración de las poblaciones afectadas; en un todo de acuerdo con el principio de autodeterminación de los pueblos y las previsiones de la Carta de las Naciones Unidas.

»El Reino de Marruecos invita a todas las partes a sumar esfuerzos en un clima de confianza con la finalidad de que sea posible lograr, rápidamente, una solución que sea el inicio de un nuevo comienzo para los pueblos.

»Reafirmamos nuestro compromiso con la iniciativa del Reino de Marruecos, quien exhibe, una vez más, ante la comunidad de naciones su permanente vocación de diálogo y su inclaudicable compromiso con el orden jurídico internacional.

»Ponemos de manifiesto, por último, ante este alto Comité, nuestro reconocimiento al Reino de Marruecos por las acciones que hasta el presente ha cumplido, y por su expreso y permanente espíritu de cooperación con el Secretario General de las Naciones Unidas y su Enviado Especial; convencidos de que las propuestas realizadas se erigen en un aporte de sustancial importancia para alcanzar el objetivo de arribar a la definitiva solución que los pueblos y la comunidad internacional, desde hace tanto tiempo anhelan».

Otro peticionario, el profesor Rafael Esparza, puso el acento en la posibilidad que el Plan de Autonomía daba a la paz y a la esperanza. En un momento de su intervención, Esparza señalaba que «los problemas no resueltos corren el riesgo de fosilizarse y de generar nuevos conflictos derivados, que alimentan fuertes intereses en algunos de los contendientes, que se benefician del statu quo y que solo estarían dispuesto a cambiarlo si le favorece el cambio en un cien por cien. Esta política del 'todo o nada', que imposibilita un marco de acuerdos entre las partes impiden soluciones viables que beneficien a todos [...] Marruecos ha puesto sobre el tapete una posible solución, una autonomía para el territorio que permita el regreso de niños, mujeres y hombres que padecen penurias en los campamentos de la Hamada y que su integración en su antiguo territorio, completando familias separadas, posibilitaría una nueva situación de desarrollo y convivencia, donde el futuro siempre estará abierto a una andadura común, no solo de Marruecos, sino del resto de la Unión Magrebí Árabe».

DEDICATORIAS

Dedicado a los saharauis detenidos y desaparecidos a manos del Polisario por expresar su opinión.

Dedicado a las víctimas españolas de las acciones terroristas del Polisario.

Dedicado a Marruecos, un país que está demostrando al mundo una capacidad de transformación y de avanzar y profundizar en la democratización.

Dedicado a los musulmanes marroquíes, que se han destacado por su tolerancia, acogida y hospitalidad.

Chema Gil

JOSE MARÍA GIL GARRE.

DNI: 22.976.117Z. mail personal : chemagilgarre@gmail.com

Prestación de servicios de análisis prospectivo de seguridad nacional o internacional o consultoría en la materia para administraciones públicas o empresas.

Periodista del Iltre. Colegio de Periodista de Murcia.

Diplomado Superior por la Administración Pública y el Instforpol en Seguridad Ciudadana, Terrorismo y Libertades Públicas.

Diplomado Internacional en Estudios sobre Terrorismo por la Cátedra de Naciones Unidas de la UNESCO.

Diplomado Superior en Perfil Criminológico como Técnica Policial y Pericial. (Admon Pública e Instforpol).

Diplomado Superior en Derecho Penal (general y especial) y de las consecuencias Jurídicas del Delito en España. (Admon Pública e Instforpol).

Diplomado Superior en Policía Judicial y Criminalística Forense (Admon Pública e Instforpol).

Diplomado en Ciencias del Islam (Liceus).

Diploma de Especialista Profesional Universitario en Servicios de Prevención, Extinción de Incendios y Salvamento (Universidad de Valencia).

Diploma de Especialista Profesional Universitario en Protección Civil y Gestión de Emergencias (Universidad de Valencia).

Certificado universitario (UPCT) en Servicios de Inteligencia y Seguridad Internacional.

Curriculum profesional:

Presidente de Intentto Eurogroup y director de la División de Publicaciones y Análisis de Seguridad Internacional

Director de www.enprimiciaonline.com

Perito Judicial (Asociación de Peritos Judiciales del Reino de España) en las siguientes disciplinas:

Seguridad Ciudadana y Libertades Públicas

Seguridad y Terrorismo Internacional

Gestión de Emergencias

Servicios de Salvamento

Prevención y Extinción de Incendios

Perfil Criminológico

Derecho Penal

Criminalística Forense

Petitioner (ponente) en la IV Sesión de la ONU sobre el Conflicto del Frente Polisario-Marruecos (New York 2010)

Ponente para la ASMEA (Association For Study of de Middle East and Africa) en la Jornada "Terrorism in North Africa After Bin Laden: Challenges for US Policy" con la ponencia "Seguridad en el área Mediterránea y Magreb". Washington 2011.

9 788499 817804